U0595126

高职院校教务管理中的课程管理与质量保障研究

郭庆竹　著

云南出版集团

云南美术出版社

图书在版编目（CIP）数据

高职院校教务管理中的课程管理与质量保障研究 /
郭庆竹著. — 昆明：云南美术出版社，2023.9
ISBN 978 - 7 - 5489 - 5450 - 7

Ⅰ. ①高… Ⅱ. ①郭… Ⅲ. ①高等职业教育 - 教务工
作 - 研究 Ⅳ. ①G718.5

中国国家版本馆 CIP 数据核字（2023）第 165272 号

责任编辑：洪　娜
责任校对：梁　媛　温德辉　黎　琳
装帧设计：刘慧敏
封面设计：寓　羽

高职院校教务管理中的课程管理与质量保障研究

郭庆竹　著

出版发行：云南出版集团
　　　　　云南美术出版社（昆明市环城西路 609 号）
制版印刷：昆明德厚印刷包装有限公司
开　　本：787mm×1092mm　　　1/16
印　　张：5.625
字　　数：250 千字
版　　次：2023 年 9 月第 1 版
印　　次：2023 年 9 月第 1 次印刷
书　　号：ISBN 978 - 7 - 5489 - 5450 - 7
定　　价：45.00 元

前　言

　　在当今社会，高等职业教育作为培养专业人才的重要途径，越来越受到人们的关注。一直以来，课程管理都是教务工作的核心内容之一，它涉及到课程设置、课程评价、课程改革等诸多方面，而质量保障则是确保高职院校课程教学质量的关键环节，它包括对课程质量标准与体系的建设以及教学过程的监督与评估等。课程管理与质量保障是高职院校教务管理中的重要组成部分，也是高职院校教务管理中的两个关键环节，对于提高人才培养质量和行业竞争力具有至关重要的作用。因此，对高职院校教务管理中的课程管理与质量保障进行研究具有十分重要的意义。

　　本书首先概述了高职院校课程管理，接着对高职院校课程设计、高职院校课程实施与课程资源利用等进行了分析，最后结合实践，对高职院校课程质量保障进行了系统的阐述。希望通过本书的介绍，能够为读者在高职院校教务管理中的课程管理与质量保障方面提供帮助。

　　在本书的写作过程中，笔者参阅了相关文献资料，在此，谨向相关文献的作者深表谢忱。

　　笔者水平有限，若有疏漏，还请广大读者批评指正。

作　者
2023 年 6 月

目　录

第一章 高职院校课程管理概述

课程管理是高职院校课程建设的重要环节，它是指对课程进行全面统筹、科学规划和有效控制的一种管理活动。在高职院校中，课程管理不仅仅是对课程的组织与安排，更是提升课程质量和改进教学效果的重要手段。

首先，课程管理的概念涵盖了对课程的整体性规划。在课程管理过程中，需要对课程的内容、目标和教学方法进行全面的规划，确保课程的各个环节有机地衔接和协调。这有助于提高学生的学习效果，保证教学目标的顺利达成。

其次，课程管理的概念还包含对课程的质量保障和评估。高职院校作为培养应用型人才的重要阵地，对课程质量的要求尤为严格。课程管理的任务之一就是对课程的教材、教师、教学方法等方面进行科学评估和监控，以确保教学质量的稳步提升。

再次，课程管理的概念还强调了课程管理与教学改革的密切关系。随着教育理念的不断更新和社会需求的变化，高职院校课程管理需要与教学改革相结合，推动课程内容的更新、教学方法的创新，以适应时代的发展和应用型人才的培养需求。

最后，课程管理的概念也强调了对学生的关注和支持。高职院校的课程管理不仅要关注课程的设计和教学的组织，更要关注学生的学习情况和学习需求。通过课程管理，可以为学生的个性化学习提供支持和指导，促进学生的能力提升和全面发展。

综上所述，课程管理是高职院校课程建设中至关重要的一部分。它涵盖了对课程的整体性规划、与教学改革的结合以及对学生的关注和支持等。通过科学有效的课程管理，高职院校能够实现课程优化、教学质量的提升，进一步满足社会对应用型人才的需求。

第一节 高职院校课程管理的范畴和目标

一、课程管理的范畴

在高职院校中，课程管理的范畴涵盖了各个方面，其目的是确保课程的有效实施和质量保障。

（一）课程的设计和开发

这一阶段包括确定课程目标、制定教学大纲、选择教材和教学方法等。教师和教务部门需要密切合作，确保课程的设计符合学生的学习需求和培养目标。

（二）课程的组织与安排

在这一阶段，教务部门需要根据学期安排和学生选课情况，合理安排课程的时间和地点。同时，还需要考虑到教师的教学负荷和资源的合理利用。通过合理的课程组织与安排，可以确保学生能够在适当的时间和环境下进行学习，提升课程的教学效果。

（三）教师的培训和评价

高职院校要注重提高教师的教学水平和专业素养，因此，课程管理需要提供相应的培训机会和资源支持。教师培训可以帮助教师更新教学理念、精进教学方法和技能，从而提升课程质量。同时，对教师进行评价和考核也是课程管理的重要组成部分，可以促进教师的自我反思和提高。

（四）课程的质量监控与改进

为了提高课程的质量，教务部门需要定期进行课程评估和教学质量监测。通过收集学生的意见反馈和教师的教学反思，找出问题所在，并采取相应的改进措施，以提升课程的教育教学效果。

总之，课程管理的范畴十分广泛，包括课程设计与开发、课程组织与安排、教师培训和评价以及课程质量监控与改进等方面。通过合理的课程管理，可以确保课程能够达到预期的教学效果，促进学生的全面发展和专业能力的培养。同时，也为高职院校提供了一个良好的教育教学环境和保障。

二、课程管理的目标

（一）提高教学质量

在高职院校中，课程管理的目标之一就是提高教学质量。教学质量的提高是每个学校追求的核心目标，而课程管理在实现这一目标中起着至关重要的作用。

通过科学合理的课程设置和管理，可以确保教学内容的科学性和系统性。高职院校的课程管理人员需要密切关注行业的发展趋势和学生的需求，在此基础上设计和组织课程内容。他们需要深入了解各门课程的专业知识体系和结构，确保课程的布局合理，内容丰富，能够满足学生的学习需求。只有通过科学合理的课程设计，才能够提供高质量的教学，使学生受益匪浅。

课程管理对于教师的培训和发展具有重要意义。高质量的教学离不开教师的专业素养和教学技能。课程管理人员需要为教师提供专业培训和发展机会，提高他们的教学水平和教学方法。通过制定并落实教师培训计划，课程管理人员可以帮助教师更新教学理念，引入先进的教学方法和技术，提升教师的教学能力。这样，教师就能够更好地传授知识，引导学生学习，从而提高教学质量。

课程管理还可以通过评估和反馈机制来提高教学质量。评估可以帮助课程管理人员了解教学过程中的不足和问题，并及时采取措施加以改进。课程管理人员可以通过定期的教学评估和问卷调查，收集学生对课程的评价和反馈，了解学生对教学质量的感受和意见。在此基础上，课程管理人员可以根据评估结果和反馈意见，对课程进行调整和优化，进一步提高教学质量。

通过科学合理的课程设置和管理，为教师的专业培训和发展提供支持，以及建立评估和反馈机制，课程管理可以有效提高教学质量，为学生提供优质的教育环境和学习体验。在实现教学质量的提升中，课程管理发挥着不可替代的作用。

（二）提升学生学习成效

在高职院校的课程管理中，提升学生学习成效是一个重要的目标。通过合理的课程管理，可以有效地提高学生的学习效果和学习成绩，培养他们的自主学习能力和学习动力。

1. 要注重教学过程中对学生的学习指导和支持

教师在教学中要善于引导学生主动地参与课堂上的讨论和实践，鼓励他们积极提出问题并解决问题。这样的教学方式可以激发学生的学习兴趣，让他们获得学习动力，进而提升学习成效。

2. 要关注学生的个性化学习需求

不同学生具有不同的学习风格和学习方式，因此，针对不同学生制定个性化的学习计划和学习资源非常重要。通过提供多样化的学习资源和辅导支持，帮助学生根据自身的学习特点和目标进行有针对性的学习，促进他们的学习成效。

3. 要注重学生的学习评价和反馈

通过定期的考核和测评，及时了解学生的学习情况和困难，并给予相应的反馈和指导。同时，鼓励学生进行自我评价和自我反思，帮助他们认识自己的学习优势和不足，进而调整学习策略，提升学习效果。

4. 要注重学生的实践能力培养

除了传授专业知识，课程管理还应注重培养学生的创新思维、团队合作能力、情感态度等综合素质，通过引入项目学习、实践活动、实习实训等教学方式，培养学生的实践能力和综合素质，提高他们的学习成效和就业竞争力。

综上所述，提升学生学习成效是高职院校课程管理的重要目标。要积极引导学生参与教学、要制定个性化学习计划、注重学习评价和实践能力培养，有效提高学生的学习效果和学习成绩，为他们的个人发展和未来就业打下坚实的基础。

（三）培养综合素质

在高职院校课程管理的目标中，培养学生的综合素质是至关重要的一项任务。综合素质可以理解为学生在课程学习的过程中，不仅仅注重获取知识和技能，还要培养其道德、智力、体力、美感、劳动和心理等多个方面的发展。通过培养综合素质，高职院校可以为学生的终身发展提供全面的支持和保障。

1. 应注重培养学生的道德素质

高职院校应该注重培养学生的道德观念、伦理意识和社会责任感，引导学生形成正确的价值观和行为准则。这不仅仅是为了让学生成为合格的公民，更是为了培养他们的社会责任感和团队合作能力，以应对现实社会中的各种挑战和问题。

2. 应注重培养学生的智力素质

高职院校应该通过设置多样化的课程，采用多元的教学方法，激发学生的学习兴趣和创造力，提高他们的思维能力和问题解决能力。通过培养学生的智力素质，可以为他们今后的工作和职业发展打下坚实的基础。

3. 应注重学生的身体素质

在高职院校中，学生的身体素质与其个人健康和生活质量密切相关。通过课程管理，学校可以合理组织体育锻炼和健康教育，促进学生的身体和心理健康发展，提高学生的体力素质和抗压能力。

4. 应注重培养学生的审美、劳动能力

高职院校应该注重培养学生的审美意识、文化修养和职业道德，使他们具备良好的艺术鉴赏能力和创造能力。同时，学校还应该鼓励学生参与劳动实践和社会实践，培养实际操作能力和社会适应能力。

5. 关注学生的心理健康

高职院校还应该关注学生的心理健康，提供必要的心理辅导和支持，帮助学生克服困难，保持良好的心理状态。

应重视道德素质的培养、智力素质的提升、体力素质的增强，以及审美、劳动能力的培养，关注心理健康，全面促进学生的综合发展，为他们的人生发展打下坚实的基础。

第二节　高职院校课程管理的方向和内容

一、课程管理的方向

（一）适应教育改革的需要

在当前教育改革的背景下，高职院校课程管理的重要性愈发凸显。教育改革的需要要求高职院校不断适应和适应新的教育理念、教育方法和教学模式。课程管理作为高职院校教育管理体系中的重要组成部分，必须紧跟教育改革的步伐，为教育改革的顺利推进提供坚实的支撑。

第一，适应教育改革的需要，要求高职院校的课程管理必须与时俱进，紧密贴合教育形势的发展。通过合理的课程设置和精心设计的教学安排，高职院校可以紧跟教育新理念，培养适应社会发展的人才。

第二，适应教育改革的需要，还要求高职院校的课程管理要积极探索教学改进和创新的途径。教育改革的目标是提高教学质量和教学效果，因此，课程管理需要不断引入先进的教学理念、教学方法和教学技术，促进教学的改进和创新。高职院校可以通过开展教师培训和教师交流活动，推广教学案例和教学研究成果，促进教师教学能力的提升和教学水平的优化。同时，课程管理还应鼓励教师在课程设计和教学实施过程中的创新探索，为学生营造良好的学习环境和体验。

第三，适应教育改革的需要，还要求高职院校的课程管理注重教师专业能力的提升。在教育改革的进程中，教师是推动教育改革的中坚力量，而课程管理是教师教学工作的重要支持。因此，课程管理应该关注培养和提高教师的专业能力，为教师的教学活动提供有效的支持和保障。高职院校可以通过组织教研、开展教师培训和导师制度的建立，提升教师的教学技能和教学水平，使其能够更好地适应教育改革的需要。

第四，适应教育改革的需要，还要求高职院校的课程管理要紧密结合社会需求。教育改革的目标是培养能够适应社会发展需求的高素质人才，而课程管理作为高职院校培养人才的重要环节，必须确保课程设置和教学内容与社会需求相匹配。高职院校可以通过与企业、行业和社会各界的紧密合作，了解社会需求和行业发展趋势，及时调整课程设置和教学内容，提高学生就业竞争力和适应能力。

适应教育改革的需要是高职院校课程管理的重要任务和责任，通过紧跟教育改革的步伐，不断适应和探索教育改革和创新的途径，注重教师专业能力的提升和教学质量的提高，高职院校可以更好地适应教育改革的需要，为学生的职业发展和社会需求做出贡献。

（二）促进教学改进和创新

在高职院校的课程管理中，促进教学改进和创新是非常重要的一个方面。通过有效的课程管理，可以为教学提供更多的机会和平台，激发师生的创造力和创新思维，从而不断推动教学的改进和创新。

第一，课程管理可以为教师提供一系列的培训和支持，帮助他们不断提高教学的质量和效果。通过定期的培训课程，教师可以了解最新的教学方法和理论，掌握先进的教学技巧和工具。同时，也可以通过教学评估和反馈，及时了解自己的不足之处，从而针对性地进行改进和发展。这样，教师的教学能力和水平就能够不断地提升，为学生提供更好的教学服务。

第二，有效的课程管理能够提供多样化的教育资源和教学内容，丰富教学手段和方法。充分利用现代化的信息技术手段，教师可以开展网络教学、远程教育等，解决教学资源的短缺问题，为学生提供更加个性化的学习方式。同时，通过课程设计和教学活动的创新，可以激发学生的学习兴趣和动力，培养他们的创造力和实践能力。

第三，课程管理还可以促进教学的协同和合作。如，通过构建教师之间的交流平台和资源共享机制，可以促进教师之间的互相学习和经验分享。同时，也可以促进不同学科之间的融合和协作，打破学科的壁垒，实现跨学科的教学目标和效果。这样的合作机制和平台可以为教学改进和创新提供更多的可能性和机会，为教学的提升打下坚实的基础。

高职院校的课程管理对教学改进和创新起到了重要的作用，通过提供培训和支持、提供多样化的教育资源、促进教学的协同和合作，可以不断激发教师和学生的创造力和创新思维，推动教学的发展和进步。因此，高职院校应该高度重视课程管理，加强对教学的管理和引导，努力提高教学的质量和效果。

（三）提升教师专业能力

在高职院校中，课程管理的一个重要目标就是提升教师的专业能力。教师是课程实施的主要参与者和推动者，其专业能力直接关系到教育教学质量的提升和教学效果的改善。因此，通过课程管理来促进教师专业能力的提升是非常必要和重要的。

第一，课程管理可以帮助教师进行专业知识更新和教学方法改进。随着社会的快速发展和知识的更新换代，教师需要不断学习和更新自己的专业知识，以便更好地适应教学任务的要求。通过课程管理的引导和支持，教师可以参与一系列的培训、学习和交流活动，了解最新的教学理论和方法，进一步提升自己的教学水平。

第二，课程管理可以提供一个提升教师专业能力的平台和机会。在课程管理的支持下，教师可以参与教学团队的课程研究，与同事们共同探讨和研究教学问题。这种合作与共享的过程有助于促进教师之间的互相学习和交流，共同提高教学能力。同时，课程管理还可以为教师提供参与学术研究和教研活动的机会，通过对教学实践的反思和研究，不断提升自己的教育思想和教育教学能力。

第三，课程管理可以提供必要的资源支持和奖励机制，激励教师积极提升专业能力。高职院校可以通过建立健全的教师培训机制、提供丰富的教学资源和设备，以及制定明确的奖励制度，鼓励教师不断学习和创新。这些措施可以为教师的专业发展提供有力的支持，激发教师的学习热情和积极性。

第四，提升教师专业能力对于高职院校的可持续发展至关重要。随着社会对高职教育的需求不断增加和变化，教师的专业能力也需要不断提高，以适应新时代高职教育的要求。只有通过课程管理来提升教师的专业能力，高职院校才能更好地培养具有实践能力和创新思维的适应社会发展的应用型人才，为社会发展做贡献。

总之，高职院校课程管理的一个重要作用就是提升教师的专业能力。通过合理的课程管理措施和机制，提供学习和交流的平台和机会，提供资源支持和奖励机制，可以帮助教师进行专业知识更新、教学方法改进，促使教师积极参与专业能力的提升。这将有助于高职院校教育质量提升、教学效果改善、适应社会需求，推动其可持续发展。

（四）满足社会需求

作为培养人才的重要环节，高职院校的课程管理需要与社会需求相适应，以更好地为社会提供合格的人才。具体而言，课程管理满足社会需求的重要性体现在以下几个方面。

1. 可以保证高职院校毕业生的就业竞争力

随着社会的发展和进步，市场对各类人才的需求也在不断变化。高职院校作为培养技术技能型人才的重要阵地，紧跟时代发展的步伐，调整课程设置、更新教学内容，培养适应社会发展需求的人才，让毕业生能更好地适应职业发展的要求，增强他们的就业竞争力。

2. 能够提升高职院校毕业生在就业市场上的价值

由于社会需求的不断变化，一些新兴行业和岗位的人才需求正日益增加。通过调查研究社会需求，高职院校及时更新相关课程内容，提供与市场需求对接的培养方案，使毕业生在就业市场上具备更好的竞争力，他们在就业市场上的价值也能够得到有效提升。

3. 对于高职院校与社会的深度合作具有重要意义

高职院校作为教育机构，了解社会需求，进一步优化课程设置，提供更加贴近实际的培养方案，培养出更加符合社会需求的人才，可以加强与企业和社会各界的深度合作。

4. 有助于提升高职院校的声誉

当高职院校的课程设置与社会需求高度契合，毕业生能够迅速适应社会岗位并贡献自己的力量，高职院校的声誉也会随之提升。与此同时，社会对高职院校的认可度也会提高，更多的优秀学生会选择报考高职院校，形成良性循环。

综上所述，满足社会需求是高职院校课程管理的要求之一。高职院校课程管理与社会需求相适应，能够提升高职院校的竞争力、提升毕业生的就业竞争力和市场价值、促成与社会的深度合作并获得声誉。这些都为高职院校的发展和人才培养提供了重要的支撑，也为社会的发展贡献了应有的力量。

二、课程管理的内容

（一）优化课程设置

优化课程设置是课程管理的重要任务之一。在高职院校中，课程设置直接关系到教育教学质量的提升和学生能力培养的有效性。优化课程设置就是通过不断调整和改进课程的内容、结构和安排，以适应社会需求和学生发展需求，实现课程的科学性和有效性。

1. 需要深入调研和了解社会需求

高职院校作为服务于社会和产业发展的教育机构，应该密切关注社会的变化和需求，及时调整和开发符合社会发展需求的课程。这需要学校与相关产业和企业建立紧密的合作关系，开展对市场需求的调研，了解就业岗位的学识要求和技能需求，从而根据需求进行课程设置的优化和更新。

2. 需要关注学生的发展需求

高职院校的学生群体具有一定的年龄和经验特点，他们拥有不同的学习背景和生活经历。因此，在课程设置过程中，要充分考虑学生的背景和特点，根据不同学生的学习需求，设置不同的课程模块和选修课程，以满足学生的个性化需求，在实践中提高他们的专业素养和综合能力。

3. 需要注重提升课程的科学性和有效性

课程的科学性是指课程内容的科学性、结构的科学性和教学方法的科学性。要做到科学的课程设置，需要依据教育教学的基本原理和教育学科的研究成果，确保课程内容的合理性和连贯性，构建符合学科知识体系和能力要求的课程结构，选择合理的教学方法和手段来实现教学目标。

4. 需要关注教师的专业发展和教学能力提升

教师是课程设置和教学实施的关键力量，他们应具备相关学科的专业知识和教学能力。高职院校应该积极促进教师的专业发展和学科建设，通过培训、交流和评估等方式，提升教师的教学能力和创新意识，为优化课程设置提供有力支持。

综上所述，优化课程设置是高职院校课程管理中至关重要的一环。通过深入了解社会需求和学生发展需求、关注课程的科学性和有效性、提升教师的专业能力，合理有效地优化课程设置，才能更好地满足学生的学习需求、提升教育教学质量、为高职院校的发展做出贡献。

（二）确保教学资源合理利用

在高职院校的课程管理中，保证教学资源的合理利用是一项至关重要的任务。教学资源的优化配置和充分利用，不仅可以提高教学效果，还可以降低教学成本，实现教育资源的最大化利用。

首先，在确定课程的教学资源配置时，需要根据学院的实际情况和专业特点，进行科学合理的规划。通过充分了解专业需要和学生需求，确定教师人数、教室设施、实验设备以及教学材料等资源的分配方案。合理配置教学资源可以充分满足学生学习的需求，提高课程的教学效果。

其次，教学资源的利用需要充分发挥教师和学生的主体作用。教师作为课程实施的主要承担者，需要根据教学资源的特点和学生的需求，创新教学策略和方法，提高教学效果。他们可以利用现代化的教学技术手段，包括多媒体教学、网络教学等，提供生动、丰富和有效的教学内容。同时，学生也应主动参与学习过程，积极利用教学资源，主动获取知识，提高学习效果。

再次，为了确保教学资源的合理利用，还需要建立健全的管理机制和监督制度。学校可以制定相关的规章制度，明确对教学资源的管理责任和要求。教学资源的使用情况应进行定期审核和评估，及时发现并解决资源利用中的问题，确保资源的有效使用。

总之，合理利用教学资源是高职院校课程管理的必要要求。通过科学规划、教师和学生的共同努力以及管理机制的有效运行，可以实现教学资源的最优配置和最大化利用，为高职院校的课程管理提供有力支撑。因此，确保教学资源的合理利用是课程管理中必不可少的一项重要工作。

（三）完善学生评价与反馈机制

学生评价与反馈机制在课程管理中具有重要的作用。通过完善学生评价与反馈机制，可以更好地了解学生对课程的需求和意见，从而进一步改进和优化课程设计和教学方式。

在完善学生评价与反馈机制时，首先应建立有效的评价体系。这包括制定明确的评价标准和指标，为学生提供具体的评价项目和方法，以确保评价的准确性和公正性。例如，可以使用问卷调查、小组讨论、口头反馈等方式收集学生的意见和建议，同时还可以引入自评和互评的机制，让学生参与到评价过程中，提高评价的有效性和参与度。

其次，要及时反馈评价结果给课程管理者。反馈结果能够为课程管理者提供宝贵的参考意见，帮助其改进课程设计和教学方式。因此，建议在反馈过程中要尽量详细地解释评价结果，并针对评价结果提供具体的改进措施和建议。

再次，为了加强学生评价与反馈机制的作用，还需要重视学生反馈的实际运用。课程管理者应该认真对待学生的反馈意见，并积极采纳和应用。根据学生的反馈，及时调整和改进课程内容、教学方法和教材选择，以满足学生的需求和期待。

综上所述，加强学生评价与反馈机制在课程管理中具有重要的作用。建立有效的评价体系、及时反馈评价结果、重视学生反馈的实际运用，可以进一步提高教学质量和教学效果。课程管理者应该重视学生的意见和建议，不断改进和完善课程管理工作，以推动高职院校教育教学的发展和提高。

第三节　高职院校课程管理的基本原则和要求

一、以学生为中心原则

高职院校的教育目标是培养具有一定职业技能和良好职业道德素养的人才。因此，以学生为中心成为高职院校课程管理的重要原则之一。以学生为中心的原则是指在教学过程中，学生是课程实施的核心，把学生个性化需求、学习兴趣及实际需求放在教学设计的第一位，切实以学生为中心，实现教与学的互动。

高职院校学生具有明确的职业发展目标和理想，需要更加注重培养实践能力，因此，在课程设置上需要更贴近实际工作，符合职业需求。高职院校应该积极探索不同领域、不同层次的实践教学模式，在教学过程中注重培养学生的实践能力和实际操作技能，才能让学生更好地适应社会的发展需求。

以学生为中心的教学是一种新的教育模式，它需要课程管理者更多了解学生的需求，按照学生的发展需求进行课程设置、教学形式设计、教师角色塑造等，这样才能真正地把教育资源分配到位，发挥它的最大化效益，更好地实现教育目标。总之，以学生为中心的课程管理原则能够更好地发挥教育资源的价值，满足学生多元化的需求，从而提高教学质量和办学层次。

二、教学目标导向原则

教学目标导向是高职院校课程管理的中心原则之一。在教学目标导向的原则下，教学活动始终以达成预期教学目标为导向，通过针对预期教学目标的教学行为和评价行为，不断优化教学流程，提高教学质量。

具体来说，高职院校应该尽可能地明确和规范课程的教学目标、教学重点和难点，同时合理排布教学内容，科学论述教学方法和手段。为了更好地实施教学目标导向的原则，高职院校还应该注重对学生学习态度和心理认知特点的了解，综合运用课堂教学、情景教学、案例教学、互动式教学等多元化的教学模式，满足学生的各种学习需求，推动学生全面发展。

此外，教学目标导向的原则还要求高职院校要建立和完善科学的制度和管理机制，引导教师积极探究新的教学思路和教学方法，不断更新和完善教学体系，保证教学目标的贯彻落实，并以此为基础不断优化整个课程的质量。同时，高职院校还应该注重对教育教学实践的反思和总结，推动持续发展。

总之，教学目标导向是高职院校课程管理的核心原则之一，在实践中要紧密联系学生实际情况，合理规划教学流程，综合运用多种教学方法提高教学质量，保证整个课程向着预期目标不断前进。

三、系统整合原则

高职院校课程管理的系统整合原则是指为了实现课程的有效管理，将教学资源整合起来，构建一个完整的相互关联的教学体系，以适应学校教育教学的发展需要。这一原则在高职院校课程管理中具有重要的作用和价值。

首先，在高职院校课程管理中，系统整合原则可以促进课程之间的协调和整合。作为高职教育的重要组成部分，各课程之间存在着密切而又复杂的联系，而这些联系往往是需要在教学实践中逐渐产生和发展的。通过系统整合原则，可以将各门课程的教学内容有机地结合起来，从而更好地实现知识的融合和应用。

其次，系统整合原则还能够提高课程教学的整体效益。在高职院校中，存在着各种不同类型和水平的教师和学生，教学资源也非常丰富，但由于管理层次和角色分工的不同，往往容易出现资源浪费和冗余现象。而通过以系统整合原则进行课程管理，可以有效地协调整个教学环节，同时还能有效地避免资源的浪费和冗余，提高课程教学的整体效益。

再次，系统整合原则可以增强课程的针对性和适应性。在现代社会的快速发展下，高职教育需要不断地适应各种变化和发展的趋势，因此需要在课程管理中充分考虑课程的针对性和适应性。通过系统整合原则，可以更好地把握课程的发展方向和目标，提高教学质量和效果。

综上所述，系统整合原则是高职院校课程管理中至关重要的一个原则，可以提高课程教学的整体效益，促进各门课程之间的协调和整合，同时还能够增强课程的针对性和适应性，为高职教育的发展提供有力支撑。

四、紧密联系实际原则

（一）实践教学与理论教学的统一

在高职院校课程管理中，紧密联系实际是一项十分重要的原则之一。在实践教学与理论教学相统一这方面，高职院校更是强调学生通过实践和理论学习的统一进行知识的积累和实践的操作，在教学过程中注重将理论与实践有机结合起来，运用真实、实际、生动的教学方式帮助学生理解理论知识，更好地掌握实践操作技能。

在高职院校的课程中，理论知识和实践操作是相辅相成的。一方面，理论知识的学习是实践操作的基础，而实践操作则反过来将理论知识更好的加深融入到学生的日常实践中。这种理论和实践相辅相成的方式，可以让教学形成知行合一的效果。

因此，在高职院校课程管理中，实践教学与理论教学的统一是提高学生学习质量和教学成效的重要原则。在实践教学与理论教学相统一这方面，建立起科学合理的教学体系、完善课程管理机制，促进学生理论知识的吸收和实践能力的提升是至关重要的。

（二）课程与行业需求的紧密结合

在高职院校课程管理中，课程与行业需求的紧密结合是一项重要的原则。这一原则的主要目的是确保教学内容符合实际需求，并能够满足学生的就业需求。

具体而言，课程与行业需求结合的方式多种多样。一方面，学校可以通过与当地企业和行业协会等组织建立紧密的联系，从而了解到当前行业中所需的专业技能和知识体系，以此为依据来对课程内容进行调整和更新。另一方面，学校还可以借鉴国内外先进的课程设置和教学方法，通过与先进学校、行业或研究机构的交流和合作，来进一步提升本校课程的质量和水平。

在实践操作中，高职院校可以通过建立实习基地、实训中心以及校企合作项目等方式来加强课程与行业的紧密结合。通过实践教学的方式，学生可以更好地理解课程中的理论知识，并能够在实践中运用所学知识，从而提高自己的技能水平和就业竞争力。

课程与行业需求的紧密结合还能够促进教师的专业发展和对新兴技术的关注。只有了解行业的发展需求和创新趋势，才能够更好地指导学生并将其培养成具有竞争力的专业人才。此外，高职院校中的教师团队也可以通过与企业和行业的交流合作来扩展自己的职业视野并提升自身的实践能力。

总之，课程与行业需求的紧密结合是高职院校课程管理中的一项重要原则，在实践中的有效运用能够提高教学质量、促进学生的就业与发展。

五、教学质量保障原则

（一）教学质量评估与监控

在高职院校的课程管理中，教学质量保障是非常关键的一点。要想保证教学质量，就必须重视教学质量评估与监控、教学资源与设施的保障、师资队伍建设与培训以及师生互动与反馈等方面机制的建立。

教学质量评估与监控，是指通过定期评估和监测教学质量，及时发现问题并进行改进，以保证学生得到高质量的教育。要做好教学质量评估与监控，需要依靠多种手段与途径。其中，学生评价、专家评估、教师互评等都是非常实用的方法。通过这些手段，可以全面地了解教学的质量状况，及时发现问题，进而对教学过程进行优化。

同时，要做好教学质量的监控，需要建立科学的评价标准。科学的评价标准不仅要符合教育的特点，还要贴近学生的实际需求，以真正达到教学效果。针对不同的课程、不同的学科，可以确定不同的评价标准，以确保评价结果的准确性。

此外，要想做好教学质量评估与监控，还需要有一支专业的团队。这个团队应该由专兼职人员组成，具备专业的评估能力和教学监控经验，能够站在学生的角度出发，全面、公正地进行评估，为教学提供有力的支撑。

在高职院校的课程管理中，遵守教学质量保障原则是至关重要的。要想真正保证教学质量的高水平，必须做好教学质量评估与监控，建立科学的评价标准，并组建专业的评估团队。

（二）教学资源与设施的保障

1. 教学设备和教学场所的保障

教学设备的保障包括各类教学设备的设备上传输、大型仪器设备的调试和使用指导等。教学场所的保障主要涉及到教学用房的规划和设计、教室装修、设施维护保养、环境卫生清洁等。

2. 教材和教学资料的保障

教材和教学资料的保障是教育教学的重要内容，是实现教学目标达成的基础条件。教材和教学资料的保障涉及教材编写、出版、发行、选用等各环节，门类全面、质量优良的教学资料的使用可以有效地促进知识和技能的学习和传授。

3. 教学环境和教学氛围的保障

教学环境和教学氛围的保障是高职院校课程管理的重要组成部分，它直接关系到教学质量和学生的学习效果。教学环境应有利于学生的学习和自我发展，教学氛围则应让学生有一个愉快的学习氛围。

4. 教学资源共享

教学资源共享是提高教学质量的重要措施之一。高职院校之间应该加强交流与合作，开展教学资源共享，促进校际间的教学资源优势互补和教学成果共享，为学生提供更好的学习资源。

教学资源与设施的保障是高职院校课程管理的重要内容之一。优质的教学资源和设施的保障能够提高学生的学习效果，为教师的教学助力，推动高职院校的教育教学质量不断提高。

（三）师资队伍建设与培训

作为高职院校的教学骨干，师资队伍的建设和培训将直接影响到学校教育教学质量。

首先，高职院校应该加强对优秀人才的引进和选拔工作，有计划有目的地引进高水平的教学人才，确保教师素质的提升和队伍的稳定性。其次，高职院校应该注意对教师队伍的培养，进一步提高教师的教学水平和专业技能，从而提高教学质量。此外，高职院校还可通过多种渠道为教师提供个性化培训和学习机会，加强教师个人的自我更新和专业提升。

对师资队伍的培训，高职院校可以在校内组织教研活动，让教师相互交流探讨，提高专业素养和教学水平。同时，也可以向外部专家请教和学习，利用教研活动，制定有针对性的培训计划和课程体系，建立完善的教师培训体系。此外，学校还可以通过视频会议、网络直播等方式，让教师们了解最新的教学理念和方法。

可以说，师资队伍的建设和培训是提高教育教学质量的关键环节，而高职院校的教师队伍建设和培训工作也需要不断创新和改进，以适应教育教学工作的发展和进步需求。

（四）师生互动与反馈机制的建立

师生互动与反馈机制的建立是高职院校教学质量保障的一个重要方面。建立有效的师生互动和反馈机制，既可以促进教师和学生之间的良好互动，帮助学生更好地学习，同时也可以帮助教师更好地了解学生的学习情况和实际需求，为教学质量的提高提供有力保障。

首先，在师生互动方面，应该围绕着以学生中心的原则来建立良好的互动机制。学生是高校教学的核心，为了更好地实现教学目标，教师需要积极与学生进行沟通，了解学生的学习情况和问题，及时解答学生的疑问，根据学生的实际需求进行教学设计，增强学生的学习积极性和自主性。

其次，完善的反馈机制应将多种形式的反馈方式相结合，包括课堂教学反馈和课后反馈等。教师应当根据具体情况及时反馈学生学习情况及成绩，让学生对自己的学习情况有一个清晰的认识，有针对性地进行提高。此外，还可以通过开展问卷调查、座谈会等多种形式了解学生对教学的看法和意见，及时进行调整和改进，促进教学的不断完善。

再次，应该注意在建立师生互动和反馈机制的过程中，需要充分发挥团队协作的优势。教师应该积极地与同事进行交流和合作，提高教学质量和水平。同时，学校应该为教师提供相关的培训和支持，通过不断推进教学改革和创新，促进教学水平和质量的提高。

总之，师生互动和反馈机制的建立是高职院校教学质量保障的重要方面，需要学校和教师共同努力，采取有效措施，并通过团队合作不断对其进行完善。

六、团队合作原则

(一) 师资团队合作的必要性

教学工作是一个复杂的过程,涉及到多个环节,而且教学质量的好坏不仅影响学生的学习效果还关系到学校和师资团队的声誉。因此,师资力量的团队合作是难以避免的。

1. 可以提高教学效率和质量

师资团队合作可以使每个教师的特长得到发挥和利用。在教学过程中,教师之间相互协作、取长补短、互相督促,利用互联网等技术手段进行信息共享,可以大大提高教学的质量和效率。

2. 促进教师的专业发展

师资团队的交流与合作,不仅可以使教师在工作中相互学习、谦虚求进,更促进教师个人的学术和技能发展,增加他们的学科知识和教学经验,提高教学效果。

总之,科学合理的团队合作策略和方法可以促进教学质量和效益的提高,加强团队建设也是助力高职院校教学质量和师资队伍建设的关键。

(二) 师资团队合作的优势与挑战

在高职院校课程管理中,团队合作也是不可或缺的,因为在实践中,课程开发、教学过程中各个环节的工作需要多名教师协作完成。而师资团队合作又是课程教学管理中的重要一环,是教师共同实施教学活动的有效途径。

团队合作的主要优势在于能够实现资源共享,充分发挥师资团队的整体优势,从而提升教学质量。教学过程中,教师可以根据自身专业特长进行分工合作,共同承担教学任务,发挥各自的教学优势。在课程计划、教案编写、教材选用等方面,教师可以协商、交流,共同制定方案,满足学生个性化发展的需要。

但与此同时,团队合作也会遇到一系列挑战。首先是沟通不畅问题,教师们可能来自不同的学科背景、文化背景和教育背景,如果没有良好的沟通和合作机制,就会出现诸如表达不清、互相理解困难等问题,影响课程质量。其次,教师的动机也可能不尽相同,在团队合作中可能存在权限分配不均,合作意愿不足等问题。此外,时间压力、资源限制也是教师们在团队合作中经常遇到的问题。

为了更好地实现团队合作,教师们需要根据实际情况制定一些相应的策略和方法。

首先是建立良好的沟通机制和合作机制，确保教师之间的信息畅通、合作有效。其次是建立合适的激励机制，激发教师的积极性，提高合作意愿。最后是加强教师培训，提高其团队协作能力。

在高职院校课程管理中，团队合作是教师们协同工作的重要方式，有效的师资团队合作有助于提高教学质量，促进师资队伍的整体发展。然而，教师在团队合作过程中也会面临诸多挑战，为了更好地实现团队合作，需要建立有效的机制、制定相应的策略，加强教师培训，提高其团队协作能力。

（三）师资团队建设的策略与方法

要想构建强大的教学师资团队，需要有合适的策略与方法。以下将探讨师资团队建设的策略与方法，旨在帮助高职院校更好地构建师资团队，提升教学水平和质量。

1. 注重教师的培训和发展

这一点在高职院校中尤其重要，因为不同的学科领域和教学方式都有其独特之处。因此，在教师培训方面，高职院校应当注重不同学科领域和专业的差异性，并为教师提供相应的培训和发展机会，使每个人能够独立完成自己的任务，并且更加适应合作的需要。

2. 借助合作学习来改善教师之间的相互配合

教师之间合作学习、相互交流等都是非常有益的，可以提升教师的信任感和协作精神。高职院校的师资团队建设也可以采取类似于职业发展路线图的方式，鼓励教师之间共同合作、共同发展，以期实现双赢。

3. 明确分工

在教学管理中建立结构化的团队，确保每个教师都有明确的分工和责任。

4. 团队建设需要不断地总结、评估和完善

在教学活动开展的过程中，高职院校应当加强对教师、学生、教学质量等方面的评估，以确保教学质量的稳步提升。同时，也要鼓励教师之间分享成功经验、交流经验教训，共同探讨团队建设更加有效的方法和策略。

综上所述，选择合适的团队建设策略和方法可以帮助高职院校构建更加强大的师资团队，实现教学目标的达成和教学质量的保证。

七、高职院校课程管理发展方向的展望

在现代高职院校中，课程管理是一项重要的管理工作。在以学生为中心、教学目

标导向、系统整合、紧密联系实际、教学质量保障、团队合作等原则的指导下，未来的高职院校课程管理将得到更多的优化和改进。

第一，高职院校应更加注重课程的创新和实践性。在竞争日益激烈的情况下，培养具有实践能力的学生是一项重要的任务。高职院校需要积极推进实践教学的改革，并且注重课程的创新，为学生提供更多的机会来发挥他们的才能。

第二，高职院校应更加注重教师的培训和发展。在课程管理中，教师是一项关键因素。高职院校需要注重教师的培训和发展，为教师提供更多的学习机会和创新激励。同时，高职院校也需要注重教师之间的交流和合作，为教师提供更多的学习机会和研讨机会，提高教师的学术水平和教学能力。

第三，高职院校应更加注重课程管理的数据化和信息化。在现代高职院校中，数据化和信息化已经成为重要的趋势。高职院校需要积极推进课程管理的数据化和信息化，建立起完善的数据管理和信息系统，为学生提供更加便捷的服务。

第四，高职院校应更加注重课程管理的协同和协作。在课程管理中，协同和协作是一项关键因素。高职院校需要注重教师和学生之间的协同和协作，更好地发挥师资团队的合作精神。同时，高职院校也需要注重与社会的协同和协作，将课程管理与社会需求相结合，更好地满足社会的需求。

第二章　高职院校课程设计

第一节　高职院校课程设计的需求分析

一、课程设计目标和目的分析

（一）课程设计的目标

在课程设计的过程中，有清晰确切的目标和目的，才能实现设计的有效性和实用性。

课程设计的目标是该课程教学希望达到的预期结果。定义课程设计的目标是在整个课程设计的前提下，明确课程所需要强调的知识点、技能点和核心素养，以及所体现出来的价值观等。课程设计的目标应体现在学生培养目标中，符合所属专业方向的要求。

在高职院校的课程设计中，课程设计目标应当以学生就业前景、社会需求和学术水平为主要考虑因素，构建以产教深度融合为导向的课程设计体系。

（二）课程设计的目的

课程设计的目的在于明确课程设计所需要达到的目标，为教学过程中的教师提供指导。如果没有清晰的课程设计目的，不仅会影响学生在学习过程中的理解、掌握程度，也会使得教学过程中的教师无从下手。因此，明确的课程设计目的，是课程设计的前提。

高职院校的课程设计需要从课程教学的目的出发，考虑学生在学习时的实际情况，针对当前社会、行业、企业和学校的需求，注重课程的实用性和研究性，培养学生的实际应用能力。

综上所述，课程设计的目标和目的是设计开展课程的重要基础，需要明确、具有可操作性，才能保证教学的有效性和学生的学习质量，为学生的未来发展和行业的发展奠定坚实基础。

高职院校课程管理中，课程设计的目的是为满足高职院校各专业教学和学生需求，促进学生综合能力的发展，提高应用型人才培养质量。具体目的如下。

（1）帮助学生了解和掌握本专业的基本知识和技能，培养学生的实践操作能力和创新能力，提高综合素质。

（2）提高学生应用知识解决实际问题的能力，培养学生的实际应用能力和综合能力，以适应社会发展需求。

（3）为了更好地使学生适应专业发展的技术要求和素质要求，培养学生的职业素养和终身学习的意识。

（4）推广创新教学方法，促进教师发展教育教学方法，提高教师的教育教学水平和科研能力。

二、学生学习需求和背景分析

（一）学生的学习需求分析

在进行课程设计之前，必须对学生的学习需求进行充分的分析。学生的学习需求是指学生学习某门课程时所需要达到的目标和期望。因此，为了满足学生的学习需求，课程设计必须以学生为中心，注重学生的实际需求，针对不同类型的学生设置合适的学习目标和教学方式。具体来说，学生的学习需求包括以下几个方面。

1. 学生需要了解该门课程的基本概念和知识点

这是课程设计中最为基础的一环，因为只有掌握了基本概念和知识点，学生才能够在后续的学习中更好地理解和应用。

2. 学生需要掌握该门课程的实践技能

许多高职院校的课程都侧重于实践能力的培养，因此在课程设计中必须充分考虑学生的实际情况，为他们提供充分的实践机会，让他们通过实践运用所学知识，提高实际操作能力。

3. 学生需要培养创新思维和解决问题的能力

现实社会中只掌握理论知识的掌握可能并不够用，更多强调的是学生的综合能力以及应对问题的能力。因此课程设计必须充分考虑到这一点，引导学生探索解决问题的思路和方法，并让学生通过课程学习得到不同的思考方式和解决问题的技能。

4. 学生需要掌握一些实用的工具和技能

学生需要掌握各种软件、设备等。在此基础上，学生可以更好地适应社会发展的趋势，更好地迎接未来的挑战。

在课程设计中，以上学习需求应该得到充分考虑。并且针对不同类型的学生，我们应该设置不同的学习目标和教学方式，并根据实际情况不断进行优化，让学生在整个学习过程中获得更好的收益。

（二）学生的背景分析

在进行课程设计的过程中，了解学生的背景信息对于设计出适合学生的课程非常重要。学生的背景信息包括教育背景、性别、职业等方面。

要充分考虑学生的教育背景，高职院校的学生往往是有多样的报考背景的。有的学生是高中毕业生，有的是技工学校毕业生，还有的是已经参加工作后想要进行职业升级的人士。这些不同的背景信息也会影响到学生对于不同课程的学习态度、学习能力和学习方式等。

班级中学生的性别比例也是课程设计的重要考虑因素之一。比如，在计算机科学技术这一领域，男生的数量要远远多于女生，这样的情况会影响到课程教学方式以及教学资源的分配等。因此，在课程设计时，需要合理考虑学生的性别差异，采用不同的教学方式，使得所有学生都能够充分受益。

另外，还要考虑学生的职业背景。高职院校的学生大部分都已经有了一定的职业规划，他们对于课程的需求也有所不同。比如，某些学生希望通过学习某门课程来提高自己的技能水平，而另一些学生则是在寻找职业方向时对于某些课程比较感兴趣。因此，在设计课程时需要结合学生职业需求，选取恰当的教学资源，为学生提供更为实用的知识和技能。

通过对学生的背景信息的综合分析，可以更准确地把握学生的需求和特点，对于课程的设计提供有力的支持和借鉴。

三、教学资源和环境分析

（一）教学资源的分析与评价

在高职院校的课程设计中，教学资源的充足与否会直接影响课程设计的质量。因此，在教学资源的分析与评价中，需要综合考虑各个方面的因素。

评估学校提供的师资力量。教师资源是教学中非常重要的资源，他们的素质和数量直接影响到课程的教学效果。一个素质高、数量充足的师资队伍可以提供更多的帮助和指导，让学生更加全面地掌握知识和技能。

评估学校所提供的教学设备和场所。教学设备是教学中不可缺少的资源之一，好的教学设备可以为师生提供更好的教学环境和更多的教学支持。同时，教学场所的数量和规模也需要与学生人数相匹配，确保教学活动的顺利进行。

还需要对学校所提供的学习资源进行评估，包括教材、文献、网络资源等。学生的学习效果与学习资源的充足与否直接相关，好的学习资源可以帮助学生更好地学习、掌握知识。

评估学校的财务投入，对比教学资源的价值和成本，以确保教学资源的合理配置和使用效果。教学资源配置的目标是保障教学活动的进行，提高教学质量，而不是一味地追求数量和规模。

总之,在教学资源的分析与评价中,需要综合考虑各个方面因素,以便为课程设计提供充足、适量、有效的教学资源支持。

(二)教学环境的分析与评价

为了促进高职院校课程设计的顺利实施,提高学生的学习效果和质量,必须对教学环境进行全面分析和评价。

我们需要对高职院校的教学环境进行评析,以配合进行适宜的课程设计。教学环境主要包括教室的大小、设备设施等。例如,实操课教室的大小要保证足够的空间,以便学生可以自由活动,同时也要保证教室的通风条件良好,以避免学生在学习过程中出现身体不适的情况。例如,实操课的教室的设备设施方面,我们需要检查幻灯机、音响设备、计算机等设备的运转情况,确保设备完好,以便正常使用。

我们需要了解学生对教学环境的需求。我们需要通过调查问卷、实地考察等方式,了解学生对课程设计和教学环境搭配的看法和建议。例如,数字化课程上,有些学生希望教室配备一定数量的电源插座,以满足他们在学习过程中使用电子设备的需求。

我们需要对教学环境提出改进措施,以保证教学环境的满足学生的学习需求。例如,可以针对学生提出的建议,增设一些设备、改善通风条件等,还可以对教学环境进行维护和保养,确保设备设施的正常运转。

(三)基础设施的现状分析

在高职院校课程设计需求分析的过程中,基础设施的现状分析非常重要。基础设施作为课程教学的物质基础,对课程的实施起到了决定性的作用。

对于高职院校的课程设计而言,基础设施的现状分析需要考虑到各项指标,比如实验室的布局是否合理、设备是否完善、实验仪器的数量是否充足等。只有在这些方面能够得到满足,才能够为学生提供更好的学习环境,使得他们能够更好地理解课程内容。

基础设施对于教学资源和环境的整合也起到了至关重要的作用。许多实验教学需求较高,需要较为完善的设施、仪器和设备等才能够完成。在教育资源短缺的情况下,基础设施的现状分析就显得尤为重要,需要及时发现各种问题并进行改善。

基础设施的现状分析还需要参照学校教育需求规划的情况,反思和总结之前的教育模式,重新审视学生们的学习需求和背景。只有经过深入的分析和评价,才能够制定适合学生的教学方案,为日后的课程设计奠定基础。

在基础设施的现状分析中，要注意对于问题的深入挖掘，提出具体建议和方案。只有这样，高职院校的课程设计才能够得到更好的发展。

四、对课程设计需求分析的重要性

在课程设计需求分析中，我们对课程设计的目标和目的、学生的学习需求和背景分析、教学资源和环境分析进行了深入剖析。在对这些方面的分析中，我们发现课程设计目标和目的的明确性是课程设计成功的关键所在。一定要明确课程设计的目标和目的，只有这样才能确保课程设计的有效性和可实施性。

同时，我们也认识到学生的学习需求和背景分析非常重要。只有深入了解学生的学习需求和背景，才能针对性地设计出适合学生的课程，并且提高学生的学习积极性。

教学资源和环境分析也是课程设计必不可少的要素。我们需要了解教学资源的数量、质量和可用性，分析学校和教室的环境，并考虑如何充分利用教学资源和环境，为学生提供更好的学习体验。

鉴于以上分析结果，我们可以得出对课程设计需求分析的总结：在课程设计前必须充分了解课程的目的和目标、学生的需求和背景、教学资源和环境，以便设计出更加符合学生需求并能提高学生学习积极性的课程。

在未来，我们可以通过更深入地了解学生的需求和背景，设计出更加贴切实际的课程；我们可以借鉴国内外的先进教学经验，采用更加先进的教学技术和工具，提升课程的质量；我们可以借助互联网和现代科技手段，更好地利用教学资源和环境，创造更具有互动性的学习体验。

五、课程设计发展方向的展望

随着社会的不断发展，高职院校教育教学中，教育环境和教学资源得到了很大的改善，不断出现新的教育模式、新的学科领域和新的教育需求，这些都对课程设计的发展提出了新的要求。

一方面，随着信息技术的发展应用，传统的教学设计模式受到了很大的冲击，需要更多地运用创新的思想和高科技手段来满足教学的需求。例如，应该在课程设计中更多地运用互联网技术，将线下教学和线上教学有机结合起来，实现信息的共享，提高教学效率。

另一方面，课程设计还可以更多地关注学生的个性化需求和背景特点，注重不同学生的差异化发展。教学过程中应该充分发挥学生的主动性和创造性，注重培养学生的合作精神和创新意识，使学生在实践中不断发展自己的能力。

总之，未来的课程设计应该注重思考和反思，为学生的发展提供更多的支持和帮助，在教育的过程中更好地发现和培养学生的潜能，为社会培养更多的人才。

第二节　高职院校课程设计内容和结构

一、课程内容选择和组织的重要性

在高职院校的课程设计中，课程内容的选择和组织是一个重要的环节。应根据教学目标和学生需求，选择适当的内容，对其进行合理的组织和安排。以下将从三个方面探讨内容选择和组织的重要性。

（一）直接影响到教学的有效性

在课程设计中，选择适当的内容可以确保教学的针对性和实用性。通过对各种教材、资料的综合筛选和评估，我们可以从中提取出最适合学生学习的内容，并将其有机地组织起来。这不仅有助于学生理解和掌握知识，还能激发学生的学习兴趣和主动性。

（二）对于提升学习质量和效果至关重要

一个好的课程设计应该能够帮助学生形成系统的知识框架和思维方式。通过合理地组织和安排课程内容，我们可以将知识点有机地衔接起来，形成一个逻辑完整的知识网络。这样，学生在学习过程中能够清晰地把握知识的脉络和内在联系，提高学习效果和质量。

（三）对于培养学生的综合素养具有重要意义

现代教育强调培养学生的综合能力和创新精神。在课程设计中，我们应该注重引导学生通过学习掌握知识，培养思维能力、创新意识和实践能力。通过选择和组织具有挑战性和实践性的课程内容，我们可以激发学生的学习兴趣和创新潜力，促使他们在实践中不断探索和提升自己。

总之，内容选择和组织是高职院校课程设计中至关重要的环节。它不仅直接影响到教学的有效性和学习效果，还对学生的综合素养培养具有重要意义。因此，在进行课程设计时，我们应该注重对内容的选择和组织，确保课程的科学性、实用性，培养出具有高素质和创新能力的应用型人才。

二、设计教学活动，开发学习资源

（一）教学活动与学习资源

为了有效地实施高职院校课程设计，教学活动的设计和学习资源的准备至关重要。以下将探讨如何合理安排教学活动以及开发学习资源。

1. 教学活动的设计应基于学生的学习需求和能力水平

教师应充分了解学生的背景知识、学习风格和兴趣爱好，以便根据学生的特点灵活调整教学活动的形式和内容。例如，对于理论型的课程设计，可以采用讲授、讨论和案例分析等方式进行教学活动；而对于实践型的课程设计，可以组织实验、实地考察和实际操作等活动来促进学生的实践能力培养。

2. 在教学活动中，合理利用学习资源对于学生成长至关重要

学习资源包括教材、教具、多媒体设备、实验室设备等。教师应根据课程的需要，选择合适的学习资源，并在教学过程中恰当地引入。例如，在进行案例分析时，可以提供相关的案例资料，如实际案例、文献资料等，供学生研究和讨论，并利用多媒体设备展示相关内容；在进行实验教学时，应提前准备好实验器材和实验指导手册，确保学生能够顺利进行实验操作和实验数据的分析。

3. 教学活动的设计和学习资源的提供应符合课程设计的目标和要求

教师应从课程目标出发，明确学生需要达到的知识、技能和态度目标，同时将教学活动和学习资源与这些目标紧密联系起来。例如，如果课程的目标是提高学生的团队合作能力，那么可以在教学活动中组织学生进行团队项目实践，同时提供相关的学习资源，如团队合作的案例分析、团队建设的技巧指导等。

4. 为了提高教学活动和学习资源的效果，教师应进行反馈和评估

通过定期的教学评估和学生反馈，教师能够了解教学活动实施和学习资源分配效果，及时调整和改进。同时，教师还可以借助自主学习和合作学习的方式，鼓励学生积极参与课程设计的过程，从而完善教学活动和学习资源。

总之，教学活动设计和学习资源开发利用是高职院校课程设计中的重要环节。通过合理安排教学活动和优化学习资源利用，可以促进学生的综合素质发展和能力提升。因此，教师应认真考虑学生的特点、课程目标和评估反馈，注重教学活动设计和学习资源开发利用的灵活性和多样性，不断改善教学效果。

（二）设计教学活动和学习任务

在课程设计中，设计教学活动和学习任务是非常关键的一步。通过合理的教学活动和明确的学习任务，可以有效地激发学生的学习兴趣和积极性。

首先，学习任务设计要与课程目标紧密相连。根据课程目标和教学内容的要求，教师可以设计多元的学习任务。

其次，制定学习任务要考虑学生的个体差异和学习特点。不同的学生有不同的学习习惯和学习能力，因此，在制定学习任务时，要充分考虑学生的实际情况。可以根据学生的学习水平和兴趣爱好，设置不同难度和类型的任务，激发学生的学习动力。

最后，教学活动和学习任务的设计要关注学生的参与和互动。传统的单向教学容易导致学生被动接受知识，缺乏主动思考和自主实践。因此，在设计教学活动和学习任务时，要引导学生参与和互动。

总之，设计教学活动和学习任务是课程设计中的重要环节。通过合理的活动设计和明确的任务设置，可以有效激发学生的学习兴趣和积极性，提高教学效果。教师应根据课程目标、学生的特点等，设计有针对性的教学活动和学习任务，以提高学生的学习效果和能力。

（三）开发教学资源和学习材料

在高职院校的课程设计中，开发教学资源和学习材料是至关重要的一环。只有通过精心准备丰富多样的教学资源，学生才能得到更充实的学习体验，并获得更好的学习效果。

1. 选择和开发合适的教材

教材应具备贴合课程目标、符合学生学习水平等特点。教师可以通过调研市场上的现有教材，或者根据自身教学经验和专业研究编写适合课程的教材。此外，教师还可以利用其他渠道获取相关教材，如开源教材、电子教材、网络资源等。这样的多样化的教材选择能够满足不同学生的学习需求，提高学习效果。

2. 教学材料的开发

教学材料包括课件、实验指导书、练习册、案例分析等。这些材料可以辅助教师进行教学，并帮助学生进行自主学习和巩固知识。教师可以通过整理自身的讲义和实践经验，将课程知识进行系统化整理和优化，形成易于理解和吸收的教学材料。同时，教师还可以引入各种多媒体资源，如图表、图片、音频、视频等，结合现代信息技术，提供更生动、丰富的学习体验。

3. 利用互联网和其他资源平台开发教学资源

互联网为教师提供了开发教学资源的广阔空间，可以获取各种学习资料、教学案例、教学视频等。教师可以通过自建教学网站或利用在线教学平台，整合这些资源，形成系统、多样的学习内容。此外，教师还可以利用社交媒体等新兴平台，搭建学生互动交流平台，促进学生之间的合作学习和知识共享。

在开发教学资源和学习材料时，教师应根据具体的课程特点和学生需求进行创新。

定期进行教学反思和教学评估，不断改进和完善教学资源，提高教学效果和学习体验。

综上所述，开发教学资源和学习材料是高职院校课程设计中不可或缺的一环。教师应注重教材的选择与开发，充分利用各类教学材料和多媒体资源，积极借助互联网和其他资源平台，整合系统的学习内容，提高学生的学习效果和体验。通过持续不断地创新和改进，教师可以为学生提供更加丰富、优质的教学资源和学习材料。

（四）利用教学技术和学习工具

在高职院校的课程设计中，对先进教学技术和学习工具的运用进行设计，可以有效提高教学质量和激发学生学习兴趣。教学技术的运用可以使教学过程更加生动有趣，提高学生的学习积极性，提高他们的学习成效。学习工具的使用可以帮助学生更好地理解和掌握知识。

教学技术方面，现代教育技术的应用为高职院校的课程设计提供了丰富的可能性。例如，可以利用多媒体教学手段，结合 PPT、视频及互动课件等，展示丰富的教学内容，直观地呈现各种教学材料，提升学生的学习体验。同时，利用教学平台和在线学习系统，可以为学生提供灵活的学习途径和在线学习资源，促进学习的自主性和互动性。

学习工具方面，合理选择和使用学习工具对于高职院校的课程设计来说也非常关键。教师可以根据具体的课程内容和学生的学习需求，选用合适的学习工具，如实验仪器、模拟软件、虚拟实验室等。这些学习工具可以提供真实的实践环境和模拟的学习情境，帮助学生更好地理解和应用所学知识。另外，还可以利用在线学习平台、电子图书馆等学习资源，在线提供各种学习材料和学习活动，满足学生的个性化学习需求。

在运用教学技术和学习工具时，教师需要注重方法的创新和灵活应用。教师应该根据学生的学习特点和需求，结合课程内容和教学目标，有针对性地选择和运用教学技术和学习工具。同时，教师还应该进行相应的培训和专业知识的学习，提升自身的教学能力和技术水平，确保教学活动和学习资源的有效利用。

三、教学计划和进度安排

教学计划和进度的合理安排可以帮助教师和学生更好地组织学习时间，确保教学的顺利进行，达到教学目标，因此，高职院校在进行课程设计时，应关注教学计划和进度。

制订教学计划需要考虑到课程的内容和教学方法。教师应该明确每个教学单元的目标和学习任务，根据学生的学习能力和需求，合理划分教学时间。比如，对于知识点较多的单元，可以给予更多的教学时间讲解和练习，而对于相对简单的单元，则可以在教学计划中安排相应较少的时间。

教学进度的安排需要考虑到教学时间和学习负担。学生在高职院校通常会同时学习多门课程，因此教师需要在教学安排上充分考虑到学生的学习负担。合理的教学进度能够使学生充分掌握和消化所学知识，并且不过分增加学生的学习压力。

调整教学进度和评价方式也是制订教学计划的重要环节。在实际教学过程中，教师可能会发现学生在某些知识点上进展较慢，或者教学效果不理想。针对这种情况，教师可以适时调整教学进度，给予更多的时间进行重点复习和巩固。同时，教师还应该灵活运用不同的评价方式，以确保对学生的学习成果进行全面和准确的评价。

总之，教学计划和进度安排是高职院校课程设计中不可忽视的环节。教师应该根据课程的内容和学生的需求，制定合理的教学计划，并灵活调整进度和学习成果评价方式以适应实际教学的需要。只有这样，才能确保教学的顺利开展，提高学生的学习效果和质量。

（一）教学计划制订

在高职院校课程设计中，教学计划的制订是至关重要的一环。教学计划的制订需要考虑到课程的整体目标和教学活动的安排，确保教学进程的高效有序。首先，教学计划需要明确课程的教学目标和预期的学习成效。这些目标和成效需与所设定的课程目标和毕业要求相一致，以确保教学过程的连贯性和紧密性。

其次，教学计划的制订需要明确课程的教学内容和组织结构。教学计划要使教学内容循序渐进、由浅入深的传递给学生，以帮助学生逐步掌握和应用所学知识和技能。

（二）教学进度安排

教学进度的安排应根据教学计划和学生的学习需求来确定，同时需要考虑到时间的限制和课程内容的难易程度。在安排教学进度时，教师需要灵活应对，根据学生的学习情况和理解程度进行适当的调整。

总之，教学计划和进度安排是高职院校课程设计中的关键环节。合理制订教学计划和安排教学进度能够为学生提供系统、连贯的学习体验，并有效提高学习效果。因此，教师在进行课程设计时，应充分考虑教学计划和进度安排，以满足学生的学习需求和教学目标的实现。

（三）考虑教学时间和学习负担

为了确保教学的有效性和学生的学习质量，考虑学生的教学时间和学习负担是至关重要的。在制订教学计划和安排教学进度时，必须充分考虑学生的学习时间、学习负荷以及他们在其他课程或活动中的时间安排。

教学时间的合理安排是确保学生充分参与课堂活动和完成学习任务的基础。教学时间不宜过长，以免学生产生疲劳和分散注意力。同时，教学时间也不宜过短，以免影响学生对知识的掌握和应用。应根据课程的内容和学生的特点，合理分配教学时间，使学生能够有效地吸收知识并完成相应的学习任务。

学习负担的合理设置可有效保障学生在教学过程中的积极参与和学业发展。学习负担包括学习任务的数量、难度和完成时间等方面。应根据教学目标和学生的认知能力及学习特点，合理安排学习任务的数量和难度。

在考虑教学时间和学习负担时，也需要充分了解学生的实际情况和需求。可以通过问卷调查、访谈等方式，获取相关的信息。了解学生的学习习惯、时间分配等方面的情况，有助于更好地制订教学计划、安排教学进度。

（四）调整教学进度和评价方式

在高职院校的课程设计中，关于教学进度和评价方式的调整是非常重要的内容。教学进度的调整对于保证学生掌握知识的深度和广度至关重要，而评价方式的调整则直接关系到对学生学习成果的准确评价。

首先，针对教学进度的调整，我们可以采取以下几个方面的策略。第一，根据学生的学习状况和掌握程度，合理安排每个阶段的教学内容和学习任务。这样可以确保在有限的时间内，学生能够有效地吸收和掌握所学知识。第二，及时调整教学进度，根据学生的学习进展情况，有针对性地加快或减慢教学进度，以适应不同学生的学习节奏。

其次，评价方式的调整也是非常重要的。传统的评价方式主要以考试为主，但这种单一的评价方式并不能全面准确地反映学生的学习情况和能力水平。因此，我们需要采取更多元化的评价方法，以更好地了解学生的综合素质和能力发展。例如，可以将课堂互动表现、小组讨论、实践项目报告等内容作为评价的一部分，同时也可以借助技术手段，如在线测试、作业提交等方式，使评价更加客观准确。此外，教师还可以采取辅导性评价的方式，及时对学生的学习情况进行反馈和指导，以促进学生的自主学习和进一步提高。

最后，对于教学进度的调整和评价方式的调整都需要教务管理团队具有较高的敏感性和灵活性。应该及时收集学生的学习反馈和评价意见，根据学生的需求和反馈进行调整和改进。同时，教师还应不断提升自己的教学能力和教学研究水平，以更好地适应不断变化的教学环境和需求。

综上所述，调整教学进度和评价方式是高职院校课程设计中不可忽视的重要环节。通过合理安排教学进度和采取多元化的评价方式，可以提高学生的学习效果和能力发展。而教务管理团队的敏感性和灵活性则是保证教学进度和评价方式调整成功的关键因素。只有在教师和学生共同努力下，我们才能够实现教学目标的顺利达成。

第三节　高职院校课程设计实践

一、确定课程目标和目标学习者

在进行课程设计之前，确定课程目标和目标学习者是非常重要的一步。课程目标是指我们希望学生能够达到的理想状态或预期结果，是课程设计的指导方针。目标学习者则是指该课程所面向的学习者群体，包括他们的年龄、学习背景和学习需求。

确定课程目标时，我们要充分考虑教育要求、学科要求以及学生的实际情况。首先，我们需要明确课程目标的层次性。课程目标可以分为宏观目标和微观目标。宏观目标是对整个课程的总体要求和期望达到的效果，一般是较为抽象的，如培养学生的创新思维能力。微观目标则是对具体的知识、技能和能力的要求，是实现宏观目标的具体表现，如掌握特定的编程语言。

此外，确定课程目标还需要考虑学生的学习需求和发展水平。我们要了解学生的背景知识、兴趣爱好以及自主学习的能力，从而更好地设计适合他们的学习目标。例如，对于初学者来说，我们可以设立初步掌握基本概念和操作技能的目标；对于进阶学生来说，我们可以设立提高分析和解决问题能力的目标。

确定目标学习者时，我们要明确课程所面向的具体学生群体。这涉及到学生的特点和特殊需求的考虑。比如，如果是面向工科专业的学生，我们可以考虑他们的实践能力和工程技能的培养；如果是面向艺术专业的学生，我们可以关注他们的创造性和表达能力的发展。

总之，在确定课程目标和目标学习者时，我们要充分考虑教育要求、学科特点和学生的实际情况。只有通过准确地定位课程目标和目标学习者，才能更好地进行后续的课程内容选择和组织，确保课程设计的有效性和实用性。

二、分析课程需求和学科特点

在课程设计时，分析课程需求和学科特点是至关重要的一步。通过对课程需求和学科特点的深入分析，可以确保所设计的课程内容和组织方式能够与学生的学习需求和学科特点相匹配，从而提高教学效果和学习质量。

（一）需要对课程需求进行分析

课程需求主要包括对学生知识、技能和态度培养的要求。我们需要明确课程的目标学习者是谁，他们的学习背景和先修知识如何，以及他们对所学课程的期望和目标是什么。根据这些方面的分析，我们能够更好地选择和组织课程内容。

（二）对学科特点进行分析也是不可忽视的

每个学科都有其独特的特点和规律，因此，在设计课程时要充分考虑学科的本质和特色。学科特点包括学科知识的结构、发展动态、研究方法等方面。通过对学科特点的分析，我们可以更好地确定课程内容的选择和组织方式。例如，在教授科学课程时，我们可以采用问题驱动的教学方法，培养学生的探究精神和科学思维；而在教授艺术类课程时，我们可以注重培养学生的审美意识和创造力。通过充分理解学科特点，我们可以更好地设计课程，使其符合学科本身的要求，并使学生能够更好地掌握相关知识和技能。

（三）设计课程大纲和教学大纲是分析课程需求和学科特点的重要成果

课程大纲是对课程目标、课程内容、教学方法、评价方式等综合要素的详细规划和安排。教学大纲是在课程大纲的基础上，对具体教学活动和学习资源进行详细的安排和组织。通过设计课程大纲和教学大纲，我们能够更好地把握课程的核心内容和教学重点，确保教学活动和学习资源能够支持课程目标的实现。

综上所述，通过对课程需求和学科特点的分析，我们能够更好地选择和组织课程内容，提高教学效果和学习质量。因此，在设计课程时，我们应该充分了解学生的需求和学科的特点，并在课程大纲和教学大纲中准确地反映出这些要素，以确保课程的有效实施和学生的全面发展。

三、设计课程大纲和教学大纲

课程大纲和教学大纲是高职院校课程设计中至关重要的部分，它们为教师提供了指导和参考，确保教学活动的有效和有组织性。

首先，设计课程大纲是为了明确课程的目标、内容和学习者的需求。课程大纲应该清晰地描述课程的目标，包括知识、技能和态度方面的目标。在确定课程目标时，需要考虑学科特点和学科发展的趋势，确保课程目标与实际情况相符。

其次，设计教学大纲是为了规划教学活动和学习资源。教学大纲应该具体明确教学的内容、教学方法和评价方式。在设计教学大纲时，可以采用编序号的方式来组织教学内容，以确保内容的逻辑性和条理性。此外，还可以使用其他方式来提供更多的信息和细节。

设计课程大纲和教学大纲时，需要考虑教学计划和进度安排。教学大纲应该包括每个教学单元的教学目标、教学内容、教学方法和评价方式。同时，还需要合理安排每个教学单元的时间和顺序，确保教学进度的合理性和学习效果的达成。

总结来说，设计课程大纲和教学大纲是高职院校课程设计内容和结构的重要部分。课程大纲和教学大纲的设计需要明确课程目标、内容和学习者的需求，同时规划教学活动和学习资源，并合理安排教学计划和进度。

四、选择教学方法和学习策略

在高职院校的课程设计中，选择适当的教学方法和教学策略是至关重要的。教学方法的选择应结合课程特点和学生需求，以提高学习效果和培养学生的实际应用能力为目标。在选择教学方法时，我们可以采用不同的方法来激发学生的学习兴趣，增强他们的参与度。

首先，我们可以运用项目化学习的方法，让学生完成具体的项目任务。这种方法可以使学生在实践中掌握所学知识，并培养他们的问题解决能力和实际操作能力。例如，在计算机课程设计中，我们可以要求学生组成小组，设计并实现一个简单的软件应用程序。通过这样的项目任务，学生能够实际运用所学的编程知识，并体会到知识的实际应用价值。

其次，启发式学习是另一种有效的教学方法。通过提出问题来引导学生思考的方式，培养学生的思维能力和激发学生的创新思维。例如，在课程设计中，我们可以给学生一些现实生活中的问题，引导他们思考问题的解决方法和策略。同时，我们也可以鼓励学生提出自己的观点和见解，倡导学生自主学习和探究。

最后，在教学策略方面，我们可以结合现代技术手段，利用多媒体教学、网络教学等方式来丰富教学手段。例如，利用多媒体将图像、声音和视频等多种形式的信息融入到教学中，提高学生对课程内容的理解和掌握。网络教学则可以扩展学生的学习资源，还可以使学生可以随时随地进行学习和交流。

五、课程评估与改进

高职院校的课程评估与改进是保障教育质量的重要环节，对于提高学生的学习效果和培养能力具有重要意义。以下将从课程评估的目的与意义、评估方法与工具、评估结果的分析与应用、课程改进的策略与措施等方面进行探讨，为高职院校的课程评估与改进提供参考与借鉴。

（一）课程评估的目的与意义

课程评估是对课程的目标、内容、教学方法等进行全面、系统、客观的评价，旨在发现课程存在的问题，改进教学质量，提高学生的学习效果。其主要目的与意义如下。

1. 了解课程的实施情况

通过评估，可以了解课程的目标是否达到、内容是否合理、教学方法是否有效，以及师生互动是否良好等，为进一步改进提供依据。

2. 发现课程存在的问题

评估可以发现课程中存在的问题，如目标设定不明确、内容过于理论化、教学方法单一等，为课程改进提供指导。

3. 提高教学质量

通过评估，可以及时发现教学中存在的问题，及时进行调整和改进，提高教学质量。

4. 促进教师发展

课程评估可以帮助教师了解自己的教学效果，发现自己的不足之处，有针对性地进行教学改进，提高教师的教学水平。

（二）评估方法与工具

评估方法与工具的选择直接影响评估结果的准确性和有效性。常用的评估方法与工具包括问卷调查、课堂观察、学生作品评价、学生反馈等。

1. 问卷调查

通过设计问卷，采集学生对课程的评价意见，包括课程目标的达成程度、教学内容的合理性、教学方法的有效性等。问卷调查可以定量化评估结果，方便数据分析和比较。

2. 课堂观察

通过对教学过程的观察，了解教师的授课方式、学生的参与程度、教学资源的利用等情况。课堂观察可以直观地反映教学的实际情况，利于发现问题并提出改进建议。

3. 学生作品评价

通过对学生的作业、实验报告、项目成果等进行评价，了解学生的学习情况和能力水平。学生作品评价可以客观地反映学生对课程的理解和知识应用能力，为课程改进提供参考。

4. 学生反馈

通过听取学生的意见和建议，了解学生对课程的满意度、课程存在的问题等。学生反馈可以直接反映学生的需求和期望，为课程改进提供重要参考。

（三）评估结果的分析与应用

评估结果的分析与应用是课程评估的重要环节，对于课程改进具有重要意义。评估结果的分析与应用主要包括以下几个方面。

1. 评估结果的整理与归纳

将评估收集的数据进行整理和归纳，分析课程的优势和不足之处，为后续的改进提供依据。

2. 评估结果的解读与分析

对评估结果进行解读和分析，找出问题的原因和根源，确定改进的方向和重点。

3. 评估结果的反馈与沟通

将评估结果及时反馈给教师和学生，与他们进行沟通和交流，共同探讨改进的措施和方法。

4. 评估结果的应用与改进

根据评估结果，制定相应的改进措施和计划，调整课程目标、内容和教学方法，提高课程教学质量。

（四）课程改进的策略与措施

课程改进是课程评估的重要目标，为了提高教学质量和学生的学习效果，需要采取一系列的策略和措施进行改进。

1. 优化课程目标

根据评估结果，明确课程目标，使之更加明确、具体和可操作，以便学生更好地理解和掌握。

2. 调整课程内容

根据评估结果，调整课程内容，注重理论与实践的结合，提高课程的实用性和针对性。

3. 多样化教学方法

根据评估结果，采用多样化的教学方法，如案例教学、小组讨论、实践操作等，激发学生的学习兴趣和积极性。

4. 加强师生互动

根据评估结果，加强师生互动，建立良好的师生关系，提高学生的参与度和学习效果。

5. 提供学习资源

根据评估结果，提供丰富的学习资源，如图书馆、实验室、实习基地等，满足学生的学习需求。

高职院校课程评估与改进是保障教育教学质量的重要环节，对于提高学生的学习效果、培养学生的综合能力具有重要意义。通过合理选择评估方法与工具，对评估结果进行分析与应用，制定相应的改进策略与措施，可以不断改进课程，提高教学质量，促进学生的综合素质发展。高职院校应该高度重视课程评估与改进工作，建立健全的评估机制和改进机制，不断提升教育质量，为学生的发展提供良好的教育环境和条件。

第三章 高职院校课程实施与课程资源利用

第一节 课程实施的组织与管理

一、课程设置与调整

在高职院校课程管理中，课程设置与调整关系到学生的学习效果和就业竞争力。科学合理地进行课程设置与调整，对于提升高职院校的教学质量和教学效果具有重要意义。

首先，课程设置应该紧密围绕着学生的专业需求和综合素质培养目标进行。根据不同专业的特点和市场需求，合理确定各门课程的学时、学分和教学内容。这要求教师要深入了解行业发展趋势和市场需求，及时调研并进行课程更新，确保教学内容与实际需求保持紧密联系。

其次，课程设置还需要充分考虑学生的学习负担与能力。在制定课程计划时，要注意合理分配课时，避免学生负担过重和课程设置过于冗杂。同时，要注重培养学生的综合能力和实践能力，可以多运用理论与实践相结合的教学方式，从而提高学生的学习兴趣和主动性。

除了课程设置，课程的及时调整也是必要的。随着科技和社会的不断发展，专业知识和技术也在不断更新。因此，高职院校调整课程是为了使教学内容始终保持与市场需求和行业发展相适应。在进行课程调整时，应该充分听取各方面的意见和建议，特别是行业专家的意见。与时俱进地对课程进行修订和完善，才能保证教学的时效性和质量。

在高职院校的课程设置与调整中，教师的角色至关重要。教师是课程实施与管理的主导者，他们应该具备良好的教学观念和专业素养，不断提升自身的教育教学能力。只有教师具备了较高的教学水平和专业素养，才能够为学生提供优质的教育资源，推动课程设置与调整的有效进行。

高职院校课程设置与调整是一项复杂而重要的工作。它需要教师们全力以赴，紧密协作，不断完善和改进，为学生提供更优质的教育资源和教学质量，为学生的未来就业做好充足的准备。只有如此，高职院校才能持续提升自身的教育教学质量，为社会培养更多合格的专业人才。

二、教学计划的编制与执行

（一）教学计划的编制

教学计划是高职院校课程实施的核心，其编制工作需要高度关注和精心安排。首先，在编制教学计划之前，需要对课程目标、教学内容以及教学目标进行充分的分析和研究。这为教学计划的制订提供了理论依据和指导方向。其次，在教学计划的编制过程中，需要考虑教学资源的情况及特点，合理安排教学时间和教学过程，确保教学计划的科学性和实施的可行性。最后，教学计划的编制还需要充分考虑学生的学习能力和学习特点，制定适合教学对象的教学策略和方法，以提高教学效果。

（二）教学计划的执行

教学计划的执行是实现课程教学目标的关键环节。在教学计划的执行过程中，首先要确保教学资源的有效利用。这包括教师的教学水平与教学能力的提升，教材、教辅资料等教学资源的及时更新和使用，以及实验、实习等实践教学条件的提供和优化。其次，要注重教学过程的引导与管理。教师应根据学生的学习情况和特点，灵活运用不同的教学方法和手段，提供多样化的教学活动，激发学生的学习兴趣和积极性。同时，教师还应加强对学生学习进展的跟踪和评估，及时做出调整和改进。最后，教学计划的执行还需要教务管理层面的支持与保障。学校应建立健全的教学管理机制，提供有效的师资培训和教学研讨平台，加强教学督导与评估，以确保教学计划的实施效果。

综上所述，教学计划的编制与执行是高职院校课程实施的重要环节。只有科学合理地编制教学计划，并注重其执行过程中的管理与指导，才能最大程度地提高教学质量，提升学生的综合素质和专业能力，实现高职教育的育人目标。

三、教师队伍的建设与培养

（一）建设教师专业发展体系

为了提高教师的专业素养和教育教学能力，高职院校需要建设教师专业发展体系。首先，院校可以制定明确的教师发展目标，包括教学能力提升、学科研究和教研成果等。其次，院校可以建立教师培训机制，组织定期的培训活动，提供教师专业发展的机会和平台。另外，还可以设立教师奖励和激励制度，鼓励教师积极参与专业发展和学术研究。

（二）加强教师培育和引进工作

为了增强教师队伍的整体素质，高职院校需要加强教师培育和引进工作。教师培育可以通过开展师范教育课程，培养优秀的教师人才。此外，院校还可以与相关企业、行业合作，推动教师实践教学能力的培养。高职院校还可以通过加大人才引进的政策支持，吸引更多高水平的教师加入。

（三）完善教师评价与激励机制

为了有效监控和评估教师的教学能力和工作表现，高职院校需建立完善的教师评价与激励机制。教师评价可以通过学生评教、同行评教和专家评价等多个渠道进行。此外，还可以设立教师岗位晋升和职称评审制度，给予卓越教师更多机会和福利。激励机制的建立也是重要的，通过奖励优秀教师、表彰教学成果和教学改革创新，激发教师的积极性和创造力。

（四）建立教师交流与合作平台

为了促进教师之间的交流与合作，高职院校可以建立教师交流与合作平台。包括开展教师研讨会、教研活动、学术交流会等，为教师提供交流和学术合作的机会。此外，还可以鼓励教师参与教材编写、科研项目等活动，增强教师的专业影响力和贡献度。

总之，高职院校的教师队伍建设与培养是提高教育质量和教学水平的关键。通过建设教师专业发展体系、加强教师培育和引进工作、完善教师评价与激励机制、建立教师交流与合作平台等多方面的措施，可以不断提升教师的专业能力和教学水平，促进高职院校课程的有效实施。

第二节　课程资源的管理与利用

一、教材的选用与开发

教材是高职院校课程实施不可或缺的重要组成部分，因此，在高职院校中，选用和开发适合教学需要的教材是一项至关重要的任务。

（一）教材的选用应充分考虑到教学目标和学生的实际情况

教材应当与课程目标紧密结合，能够帮助学生达到预期的学习效果。对于不同专业的课程，教材的选用需要与专业发展需求相匹配，能够提供与实际工作相结合的理论知识和实践操作指导。同时，还需要根据学生的学习能力和背景特点，选择适合他们的教材，使教学过程更加高效。

（二）教材的开发是保障教学质量的重要环节

高职院校的教材开发应当注重理论与实际发展相结合，力求将理论知识与实际应用紧密结合起来。在教材的编写过程中，应当充分考虑行业最新的发展动态，引入具有前沿性和实用性的内容，使学生能够掌握最新的专业知识和技能。同时，还应当注重教材的可读性和操作性，通过丰富的例子和实践案例，帮助学生理解。

（三）教材的选用和开发还需要充分利用现代化的教育资源和技术手段

随着信息技术的快速发展，数字化教学资源的广泛应用成为高职院校教学的重要特点之一。教师可以通过网络和多媒体技术，选用和开发在线教材和课件，为学生提供多样化的学习资源。不仅可以拓宽学习渠道，丰富教学内容，还能帮助学生理解和记忆知识。

综上所述，高职院校教材的选用与开发是课程资源管理中的一项重要内容。教材的选用要与教学目标和学生实际情况相匹配，并考虑行业发展需求；教材的开发要注重理论与实际结合，创新地运用现代化的教育资源和技术手段。通过合理的教材选用与开发，可以提高教学质量，促进学生的学习效果和能力提升。

二、实操室和实验室设施的建设与管理

在高职院校中，实操室和实验室设施的建设与管理是课程资源管理与利用的重要方面之一。实操室和实验室作为学生进行实践操作和实验研究的场所，必须具备良好的硬件设施和科学的管理方法，以确保教学和科研的顺利进行。

（一）实操室和实验室设施的建设是学生实践能力提升的关键

高职院校应根据不同专业课程的需求，合理配置实操室和实验室所需的仪器、设备和材料。这不仅包括现有设备的更新升级，还需要考虑引进先进技术和设备，以适应日新月异的发展形势。例如，对于计算机相关专业，计算机教室需要配备高性能计算机、网络设备和软件平台，以提供学生进行编程、数据处理和网络实验的实践环境。

（二）实操室和实验室设施的管理需要建立科学的制度与流程

高职院校应建立健全设施管理规章制度，明确设施使用的条例和程序。包括实操室和实验室设备的使用申请与借用、实验室安全与环境保护、实验室设备的维护与保养等。同时，建立健全的设备管理系统，做好设备的标识、库存管理与维修保养工作，以确保实操室和实验室设施的长期稳定运行。

（三）加强与外部资源的合作和交流，共享设施资源

高职院校可以与相关企业、科研机构和其他高校建立联合实验室，共享设备和资源。通过与外部合作伙伴的合作，不仅可以共同开展科研项目，还可以为学生提供更

广阔的实践机会和实验资源。同时，与企业合作还有助于培养学生的职业素质和就业竞争力，使他们更加适应社会发展的要求。

综上所述，高职院校在课程资源的管理与利用中，实验室设施的建设与管理是一项重要工作。通过合理配置与更新设备、建立科学的管理制度与流程、加强与外部资源的合作，可以提供更好的实践环境和资源，进一步提高学生的实践能力和创新能力。这对于高职院校的教学质量和学生就业竞争力的提升具有重要意义。

三、外部资源的引进与合作

在高职院校的课程资源管理与利用中，外部资源的引进可以极大地丰富教学内容，而与外部机构的合作则可以促进资源共享，都提高教学质量、推动学校与社会的良性互动。

第一，高职院校可以通过与行业企业建立紧密的合作关系，引进其丰富的资源。例如，与相关行业的企业合作，可以提供实践实训的机会，让学生能够亲身参与真实项目的开发与实施。这不仅能丰富学生的实践经验，还能与企业的需求紧密对接，培养符合市场需求的高素质人才。同时，学校也可以与相关行业的专业协会合作，共同开展课程设计与开发，保持教育与行业需求的及时衔接。

第二，高职院校还可以通过与其他院校、科研机构的合作，获取更多的教学资源。合作办学、联合培养等模式的推进，可以让学生获得更多的学科资源和教学经验，增加他们储备知识和提升能力的机会。此外，学校之间还可以开展课程资源共享，互相借鉴优势，提高整体教学水平。与科研机构的合作也可以为教学提供前沿的研究成果和实践案例，让学生能够接触到最新的知识和技术。

第三，高职院校可以利用互联网和现代信息技术的力量，引进更多的教育资源和在线学习平台。通过与在线教育平台、优秀高校的合作，学校可以让学生获得更多的学习资源和学术支持。学生可以通过网络学习课程，参加在线讲座和实践项目，扩展自己的学习视野，提升自己的学术能力。同时，学校也可以将自己的教学资源进行在线传播和分享，与更多的教育机构合作，推动优质课程资源的共享和利用。

综上所述，高职院校在课程资源的管理与利用中，外部资源的引进与合作是一个重要而有效的策略。通过引进外部资源，学校可以丰富教学内容，提高教学质量；与外部机构的合作可以实现资源共享，可以培养符合市场需求的高素质人才，促进教育与行业的良性互动，提升整体教学水平。因此，在高职院校的课程资源管理与利用中，要积极拓展与外部资源的合作，为学生提供更广阔的发展空间和优质的教育资源。

第三节 教学模式的选择与运用

一、教学模式的创新与改进

教学模式的创新和改进一直是高职院校教育改革的重要任务之一。随着社会的不断变革和人才需求的不断更新，传统的教学方式已经不能满足学生的学习需求，因此我们需要不断地进行教学模式的创新和改进。

（一）引入现代化的教学技术来改进教学模式

利用信息技术和互联网资源，可以使教学更加丰富多样。教师可以借助电子教案、多媒体课件、在线学习平台等工具，将知识呈现得更直观、生动，激发学生的学习兴趣。同时，还可以通过在线互动平台和社交媒体，促进师生之间的互动和交流，增强学生的学习效果。

（二）探索以学生为中心的教学模式

以学生为中心的教学模式强调学生的主动参与和自主学习。教师在教学过程中，要更多地扮演引导者的角色，鼓励学生发散思维去创新，培养学生的批判性思维和解决问题的能力。可以采用小组合作学习、问题解决式学习、案例分析等教学方法，让学生积极参与探索和合作，培养他们的团队合作和沟通能力。

（三）引入项目化教学的模式

项目化教学模式强调实践能力和综合素养的培养，通过让学生参与到具体的项目中，来进行实践性的学习。在项目化教学中，学生需要进行项目策划、实地考察、调研报告等实践活动，从而提高他们的综合素养和解决问题的能力。此外，项目化教学还可以促进学科之间的融合，培养学生的跨学科思维和综合应用能力。

总的来说，教学模式的创新和改进是高职院校必做的工作。通过引入现代化的教育技术、以学生为中心的教学模式以及项目化教学的模式，我们可以更好地为社会培养出更多的高素质人才。但这些都需要教师们不断地更新教育理念和教学方法，与时俱进地进行教学模式的创新和改进。只有如此，我们才能够适应时代的发展需求，更好地为学生的成长和发展服务。

二、项目化教学的实施与评估

项目化教学是一种实际应用导向的教学模式，通过将学习任务组织成项目的形式，培养学生解决问题的能力和实践能力。项目化教学的实施与评估是提高教学效果和学生综合素质的一个可行途径。

（一）需要明确项目的目标和任务

在制定项目任务前，教师需充分调研和了解学生的学习需求和背景，确定适合学生的项目主题和内容。项目目标应明确而具体，以便学生能够明确知道需要达到的成绩和学习方式。在项目实施过程中，教师应积极引导学生主动探究、合作学习，激发学生的学习兴趣和动力。

（二）需要合理安排课程和资源

教师应根据项目任务的要求，设计出适合学生学习的教学活动和任务。教师可以利用多样化的教学资源，如图书馆、实验室以及网络等，提供学生所需的资料和支持。此外，教师还可以邀请相关领域的专业人士或企业代表作为项目导师或合作伙伴，提供实际案例和实践经验，丰富学生的学习体验。

（三）需要综合考量学生的实际表现和成果

与传统评估方式相比，项目化教学的评估更加注重对学生的实践能力和解决问题的能力的考查。教师可以采用多种评估方式，如项目报告、演示、实践操作等，更全面了解学生的学习情况和能力发展。同时，教师还应关注学生的自主学习和合作学习能力，在评价过程中鼓励积极参与和合作的学生。

综上所述，项目化教学的实施与评估在高职院校教育教学中具有重要意义。通过项目化教学，学生能够获得更多的实践经验，提升解决问题的能力，提高综合素质和就业竞争力。教师应在项目化教学中发挥引导者和合作者的角色，为学生提供丰富的学习资源和有力的支持。同时，在项目化教学的评估中，教师需注重学生的实际表现和能力发展，注重激发学生的学习动力和创造力。通过不断创新和改进，项目化教学模式可能为高职院校教育的发展和学生的成长带来更多机遇。

三、实践教学的组织与管理

实践教学作为一种重要的教学方法，对于高职院校的教育教学具有重要的意义。以下将从实践教学的组织和管理两个方面进行探讨。

在组织实践教学活动时，首先需要明确教学目标和任务。教师需要根据课程要求和学生的实际情况制定实践教学的具体目标，并为学生提供清晰的任务要求。例如，对于酒店管理专业的学生，可以安排他们到实际的酒店进行实地考察和实训，以提升他们的实际操作能力。而对于电子商务专业的学生，则可以组织他们参与真实的电子商务项目，培养其实际操作和团队合作能力。通过明确教学目标和任务，可以让学生更加明确自己的学习方向，有针对性地进行实践活动。

同时，在实践活动中，通常需要形成一个团队或小组。教师需要合理分组，并指导学生合作完成实践任务。例如，在酒店管理专业的实践活动中，可以将学生分成前台、客房、餐饮等小组，每个小组负责不同的工作内容。而在电子商务项目中，可以按照项目的不同阶段或功能对学生进行分组。在组建小组时，教师要根据学生的兴趣、特长和性格等因素进行合理分配，以便激发学生的潜力和发挥团队的协作能力。

在实践教学过程中，教师还需要做好实践活动的管理工作。管理包括对实践教学资源的充分利用和合理分配，以及对学生的学习过程和成果进行有效监控和评估。首先，教师应充分利用各种教学资源，包括实验室设备、真实场所、实践案例资源等，提供丰富的实践教学环境和条件。其次，教师要对学生的实践活动进行定期的跟踪和指导，及时解决学生在实践中遇到的问题，确保实践活动的顺利进行。最后，教师还要对学生的实践过程和成果进行评估，给予及时的反馈和指导，促进学生的进步和提高。

综上所述，实践教学中教师需要具备良好的组织能力和管理能力。通过明确教学目标和任务，合理分组，充分利用教学资源，跟踪指导学生的实践活动，并对学生的实践过程和成果进行评估和反馈，可以提高实践教学的效果，并培养学生实际操作能力和团队合作能力，为其未来的职业发展打下坚实的基础。因此，高职院校应加强实践教学的组织与管理工作，提升教育教学质量，更好地满足社会对专业技术人才的需求。

第四节　多媒体技术在课程实施中的应用

现代教育技术的快速发展为高职院校的教学带来了许多创新和改进的机遇。其中，多媒体技术作为重要的教学辅助工具，在教学中的应用日益普及。在高职院校的教学实践中，多媒体技术的应用已经成为提高教学效果和激发学生学习兴趣的重要手段。

多媒体技术的应用为教学内容的呈现提供了丰富多样的方式。通过使用多媒体教学软件，教师可以将抽象的概念、复杂的理论知识以图文、音频、视频等形式进行展示，使学生能够直观地理解和掌握知识。比如，在教授计算机编程知识时，教师可以利用多媒体软件演示代码的编写过程，并通过图文形式展示运行结果，帮助学生深入理解编程原理和技巧。

多媒体技术的应用可以提升学生的参与度和互动性。在课堂上，教师可以结合多媒体教学工具，设计一些互动环节，让学生积极参与到学习中来。例如，教师可以设计一场虚拟的实验，让学生通过多媒体软件模拟实验过程，并观察实验结果。通过这种互动的方式，学生不仅能够主动思考问题，还能够与教师和同学进行探讨和交流，促进知识的深入理解和消化。

多媒体技术的应用还可以提供个性化的学习资源。通过多媒体教学平台,学生可以根据自己的学习需求和进度,自主选择学习资源。不同层次、不同兴趣的学生可以根据自己的学习情况,选择适合自己的学习内容和学习方式。比如,学生可以自主选择观看复习视频、阅读电子教材、参与在线的讨论等。这样的个性化学习资源的提供,有助于激发学生的学习兴趣,提高学习动力。

综上所述,多媒体技术在高职院校教学中具有重要的应用价值。通过使用多媒体技术,可以丰富教学内容的呈现方式、提升学生的参与度和互动性,以及提供个性化的学习资源。因此,高职院校应积极推广多媒体技术的应用,不断探索和创新教学模式,以提高教学质量和学生的学习效果。

一、多媒体技术的定义和基本原理

在高职院校的课程实施中,多媒体技术扮演着至关重要的角色。为了更好地了解多媒体技术在高职课程中的应用,我们需要先明确多媒体技术的定义和基本原理。

多媒体技术是指通过计算机及相关设备,结合文字、图像、声音、视频等各种媒体元素,以数字形式进行信息处理、存储、传递和展示的一种技术。它的核心思想是将不同的媒体元素综合起来,以丰富、直观、富有互动性的方式呈现信息内容。

多媒体技术的基本原理是将不同的媒体元素进行数字化处理,然后通过计算机进行集成和处理,最终展示给用户。在这一过程中,涉及到多媒体数据的采集、编码、压缩、存储和传输等一系列技术手段。例如,将图像进行采集和处理、声音进行录制和编辑、视频进行拍摄和剪辑等。

多媒体技术在高职院校课程实施过程中的应用已经得到广泛的重视和应用。它能够帮助教师更好地传递知识和信息,使学生能够更加生动、直观地理解和掌握所学内容。通过多媒体技术的应用,教学过程变得更加丰富多样,不再局限于传统的黑板写字和口头解说。学生可以通过多媒体展示的图像、动画、视频等,更好地理解概念和原理,提高学习积极性和参与度。

另外,多媒体技术在高职院校课程实施过程中还具有很多其他的优势。例如,它能够提供个性化学习的机会,使学生根据自身的需求和兴趣进行学习。同时,多媒体技术可以提供实践和交互的机会,帮助学生进行实验、模拟和互动活动,提升学习的实效性,提高自身的应用能力。

总之,多媒体技术在高职院校的课程实施中具有重要性和优势。了解其定义和基本原理有助于我们更好地理解和应用它。

二、多媒体技术在高职课程实施中的重要性和优势

（一）多媒体技术在高职课程实施中的重要性

多媒体技术在高职课程中的应用具有重要性和优势。

1. 能够提高教学效果

通过多媒体技术，教师可以利用图像、声音、动画等形式展示教学内容，使之更加生动直观，引起学生的兴趣，吸引其注意力。例如，通过多媒体演示软件，教师可以将抽象的概念转化为具体形象的展示，帮助学生更好地理解和记忆知识。

2. 促进学生的参与和互动

在传统教学中，学生往往是被动接受知识，容易产生学习的厌倦感。而通过多媒体技术，学生可以通过点击、拖拽等操作与教学内容进行互动，积极参与学习过程。例如，在学习语言课程时，学生可以利用多媒体软件进行语音对话练习，与虚拟角色进行互动交流，提高口语表达能力。

3. 提供丰富的学习资源

通过互联网，学生可以获取各种形式的多媒体学习资源，如音频、视频、电子书等。这些资源可以为学生提供更全面、多样化的学习材料，并且能够根据学生的个性化需求进行定制，实现个性化教育。例如，在学习理论知识时，学生可以通过观看相关视频课程、听取专家讲座等方式来拓展知识广度和深度。

4. 能够培养学生的综合能力

在多媒体技术的应用过程中，学生需要掌握一定的操作技术和创意设计能力。通过学习和使用多媒体技术，学生可以提高信息获取和处理的能力，培养创新思维和问题解决能力。这些能力对于学生未来的学习和工作都具有重要的意义。

综上所述，多媒体技术在高职课程中具有重要性和优势。它能够提高教学效果，促进学生的参与和互动，提供丰富的学习资源，并培养学生的综合能力。因此，在高职课程实施中，教师应积极借助多媒体技术，发挥其优势，提升教学质量，培养学生综合素质。

（二）多媒体技术在高职课程实施中的优势

多媒体技术作为一种现代教育技术手段，已经在高职课程实施中发挥了积极的作用。以下将介绍多媒体技术在高职课程实施中的优势，以展示其重要性。

1. 可以直观、生动地传授知识

例如，在计算机编程课程中，教师可以通过多媒体技术展示实际的编程案例和代

码演示，让学生更直观、生动地理解编程的基本概念和操作步骤。这样的教学资源能够激发学生的学习兴趣，提高他们的学习动力。

2. 可以促进学生的互动与合作

在英语口语课程中，教师可以利用多媒体设备播放英语电影或音频资料，并通过相关问题的提出与学生进行讨论和互动。这样的教学方式不仅能够培养学生的听说能力，同时也能够增强学生之间的合作意识和团队精神。

3. 能够提高学生的学习效果和质量

在理论课程中，教师可以通过使用多媒体课件来呈现抽象概念、复杂原理和相关实验结果。这种方式能够使学生更加容易理解和掌握知识点，进而提高他们的学习效果和质量。另外，在实践课程中，教师可以使用多媒体工具模拟实际的操作场景，让学生在虚拟环境中进行实践操作，从而提高他们的实际操作能力。

4. 可以推动高职教育的创新和改革

多媒体技术的应用，可以打破传统教学模式的束缚，实现教与学的互动，促进学生的创造性思维和实践能力的培养。此外，多媒体技术还可以为高职课程实施提供丰富的教学平台，提供学习资源的共享和交流，促进教学经验的沉淀和推广。

综上所述，多媒体技术在高职课程实施中的应用案例丰富多样，并且在教学效果、学习动力、互动合作等方面发挥着重要的作用。因此，在高职课程实施中充分发挥多媒体技术的优势，可以有效提升教学质量，推动高职教育的进步和创新。

三、多媒体技术在教学设计中的应用

（一）多媒体技术应用于教学设计中的基本原则

在应用多媒体技术进行教学设计时，我们需要遵循一些基本原则，以确保教学的有效性和高效性。以下是在教学设计中应用多媒体技术的基本原则。

1. 明确教学目标和学生需求

在设计教学内容和使用多媒体技术之前，我们必须首先明确教学目标，即我们希望学生能够掌握和理解哪些知识和技能。同时，我们也需要了解学生的需求和背景，以便更好地适应他们的学习需求。

2. 选择合适的多媒体素材

多媒体技术可以丰富教学内容，提供丰富的视听材料。在选择多媒体素材时，我们需要考虑其与教学内容的相关性和适用性。素材应该能够激发学生的兴趣，帮助他们更好地理解和掌握知识。

3. 注意多媒体呈现的方式

在应用多媒体技术进行教学设计时，我们需要考虑呈现方式的多样性。例如，可以使用文字、图片、音频、视频等形式呈现教学内容。同时，我们还可以采用交互式的教学方式，让学生参与其中，提高他们的学习积极性和参与度。

4. 合理安排多媒体内容的顺序和结构

在设计多媒体教学内容时，我们需要合理安排内容的顺序和结构，以便对学生进行逻辑上的引导和承接。内容应该有一定的层次性和连贯性，帮助学生建立起知识框架和思维模式。

5. 关注多媒体技术的融合应用

多媒体技术不仅可以单独应用于教学中，还可以与其他教学手段相结合，形成多媒体融合教学。例如，可以将多媒体技术与课题讨论、案例分析、实践操作等相结合，提供更加综合和深入的教学体验。

总之，应用多媒体技术进行教学设计时，我们需要明确教学目标和学生需求，选择合适的多媒体素材、注意多媒体呈现方式、合理安排内容的顺序和结构，同时关注多媒体技术的融合应用。这些基本原则将帮助我们设计出更加有效和有吸引力的教学内容，提高学生的学习效果和体验。

（二）多媒体技术在课程设计中的应用方法

在高职课程实施中，多媒体技术的应用在课程设计中起到了非常重要的作用。通过合理利用多媒体技术，教师可以为学生提供更加直观、生动的教学内容，提升教学效果。以下将介绍多媒体技术在课程设计中的应用方法。

1. 用于课程内容呈现

教师可以通过课件、视频等多媒体形式，将抽象的概念以图文、动画、音频等形式呈现给学生，帮助学生更好地理解和记忆课程内容。例如，当教师讲解一个复杂的工程原理时，可以通过制作动画演示，让学生直观地看到工程的各个环节，加深对知识点的理解。

2. 用于课程活动设计

应用多媒体技术，教师可以设计各种互动活动，促进学生的参与和思考。例如，教师可以利用多媒体设备展示一段视频或图片，引发学生的讨论和思考，并组织小组讨论、辩论等活动，培养学生的合作精神和批判性思维。多媒体技术还可以用于设计课堂游戏、模拟实验等活动。

3. 用于课程资源的开发与共享

教师可以利用多媒体软件和工具，制作教学资源，如课件、教学视频等，以便学生在课后进行复习和巩固。同时，这些教学资源也可以与其他教师进行分享，促进经验交流和资源共享。通过合理利用多媒体技术，教师可以打破时间和空间的限制，提供更多、更好的教学资源。

4. 用于学习评估和反馈

教师可以利用多媒体工具设计在线测试、问答调查等，对学生的学习情况进行评估，及时获取学生的反馈。这样可以帮助教师了解学生的学习进度和学习困难，并进行个性化的指导和辅导。

综上所述，多媒体技术在课程设计中具有广泛的应用方法。通过合理利用多媒体技术，可以提升教学效果，激发学生的学习兴趣和动力。因此，在高职课程实施中，教师应该积极探索和应用多媒体技术，创新教学方式，提升教育质量。同时，教师还应不断总结经验，改进多媒体技术的应用方法，为高职教育的发展做出贡献。

四、多媒体技术在学习过程中的应用

（一）多媒体技术在学习资源的开发和共享中的应用

多媒体技术在高职课程实施中的应用越来越广泛，其中之一就是在学习资源开发和共享方面的应用。随着信息技术的发展，学习资源的开发与共享变得更加便捷和高效。通过多媒体技术，教师们可以开发丰富多样的教学资源，包括文本、图片、音频、视频等，并且可以将这些资源进行数字化处理和整合，以满足不同的学习需求。

多媒体技术为教师提供了更多创作和表达的自由度。教师们可以根据教学内容的特点和学习目标，灵活运用多媒体元素，结合文字、图片、声音和视频等资源，形成多层次的教学资源，从而更好地激发学生的学习兴趣和积极性。

多媒体技术也为学习资源的共享提供了更大的便利。传统的教学资源主要以纸质教材和复印资料的形式存在，限制了资源的传播和共享。而利用多媒体技术，教师们可以将自己精心制作的教学资源进行数字化处理，并通过网络平台和教育应用软件进行在线共享，使学生和其他教师都可以方便地获取和使用这些资源，进一步提高教学效率。

多媒体技术还可以为学习资源的个性化开发和享用提供支持。学生在学习上存在差异，有的学生偏爱于视觉学习，有的学生喜欢通过听觉渠道获取知识。多媒体技术可以根据学生的不同学习习惯和需求，提供多样化的学习资源，满足个性化学习的需要。比如，对于视觉学习偏好的学生，教师可以提供丰富的图文资源；对于听觉学习偏好的学生，可以提供音频和视频资源等。

总之，多媒体技术在学习资源的开发和共享中的应用对于高职院校的课程实施具有重要的意义。通过多媒体技术的运用，教师们可以更好地开发出多样化和个性化的学习资源，提高教学效果和学生学习的质量。同时，多媒体技术也促进了学习资源的共享和传播，为教育资源的合理利用和优化提供了良好的平台。然而，在多媒体技术应用中仍然存在着一些问题和挑战，需要教师们进一步深入研究和探索，以不断提升多媒体技术在高职课程实施中的应用效果。

（二）多媒体技术在学习过程中的个性化应用

多媒体技术作为一种强大的教育工具，在高职课程实施中的应用日益重要。其中，在学习过程中的个性化应用方面，多媒体技术发挥了重要的作用。以下将探讨多媒体技术在这方面的应用以及相关的效果与挑战。

1. 提供了丰富的方法

通过多媒体技术，教师和学生可以进行实时互动，例如通过在线聊天、讨论板或者共享屏幕等方式。这种互动不仅可以促进学生与教师之间的沟通和交流，还能够激发学生参与的积极性。通过互动的方式，学生能够主动提出问题、解答问题，并与教师和其他同学共同探讨和学习。

2. 表现出了巨大的潜力

通过多媒体技术，教师可以根据学生的不同学习需求和兴趣特点，提供个性化的学习资源和学习方案。比如，通过多媒体技术的自适应学习系统，学生可以根据自己的学习进度和兴趣选择合适的学习内容和学习方式。这样可以更好地满足学生的学习需求，提高学习效率。

3. 存在一些挑战

首先是教师和学生的技术能力和接受程度不同，可能导致在互动和个性化应用中存在差异。教师需要不断提升自己的技术水平，以更好地应对学生的需求，为个性化的学习提供支持。其次是资源和设备的限制，不同学校和地区的教育条件有所差异，可能会影响到多媒体技术的应用和效果。

综上所述，多媒体技术在学习过程中的互动和个性化应用方面具有重要的意义。通过互动和个性化的方式，可以激发学生的学习兴趣和积极性，并提高学习的效率。然而，在实施过程中也面临着一些挑战，只有不断改进和完善，才能更好地利用多媒体技术高效推进高职院校的课程实施。

（三）多媒体技术在学习效果评估和反馈中的应用

多媒体技术在学习效果评估和反馈中的应用具有重要的意义。首先，多媒体技术可以帮助教师对学生的学习情况进行全面、准确的评估。通过多媒体技术记录学习过程中的各种数据，教师可以更加直观地了解学生的学习进展和问题所在。

1. 对学习过程中的各种数据进行收集和分析

利用多媒体技术搜集学生在学习过程中的互动行为、学习时间、学习成绩等数据，教师可以获取到大量客观、可量化的信息。通过对这些数据进行分析，教师可以发现学生的学习习惯、学习难点以及学习效果等方面的问题，从而有针对性地调整教学策略，帮助学生进一步提升学习效果。

2. 提供即时的反馈机制

在传统的学习过程中，学生完成作业后要等到教师批改后才能得到反馈，存在着较大的时间延迟。而多媒体技术可以通过自动化的评估系统，实现对学生答案的即时判别和反馈。学生可以在提交作业后立即得到反馈，及时了解自己的错误和不足之处，有针对性地进行进一步学习和提高。

3. 实现个性化的教学反馈服务

通过多媒体技术的支持，教师可以根据学生的个性化需求和水平差异，提供针对性的教学反馈服务。例如，对于学习进度较快的学生，可以提供更有挑战性的学习任务；对于学习进度较慢的学生，可以提供更加详细和细致的解答和讲解。这样的个性化反馈可以更好地满足学生的学习需求，推动学生的主动学习和自主发展。

总之，通过多媒体技术的支持，教师可以更好地了解学生的学习情况，提供及时的反馈机制和个性化的教学服务，促进学生的主动学习和发展。因此，在高职课程实施中，应充分利用多媒体技术的优势，将其应用于学习效果评估和反馈中，以推动教育教学的不断创新和发展。

五、多媒体技术在实验教学中的应用

（一）多媒体技术在实验教学过程中的应用

在高职课程实施中，多媒体技术在实验教学过程中的应用具有重要的意义。通过多媒体技术的运用，可以增强实验教学的互动性、直观性和趣味性，提高学生的学习积极性和参与度。

1. 增加实验教学的互动性

传统的实验教学往往以教师为中心，学生只是被动地接受知识。而通过多媒体技术，教师可以借助动画、音频、视频等多媒体元素，使实验教学变得更加生动有趣，学生可以更加积极主动地参与到实验过程中。例如，在学习化学实验时，通过多媒体展示实验过程的动画，可以让学生更加清晰地理解实验原理和步骤，同时激发学生的学习兴趣。

2. 提高实验教学的直观性

实验教学需要学生通过观察实验现象、记录实验数据等方式来获取知识。而传统的实验教学往往需要学生亲自进行实验操作，这可能会存在实验结果的不确定性和实验安全的隐患。通过多媒体技术，可以通过展示实验过程的视频、图片等，让学生直观地了解实验现象和结果，避免了实验过程中可能出现的风险。同时，学生还可以通过多媒体展示的数据图表等，更加清晰地观察和分析实验结果，提高实验教学的效果。

3. 增加实验教学的趣味性

实验教学通常涉及到一些抽象的理论知识和复杂的实验操作，对学生而言可能显得枯燥和困难。而通过多媒体技术，可以将理论知识和实验操作以生动有趣的方式展示出来，如通过动画演示、游戏化设计等，激发学生的学习兴趣和好奇心，提高他们的学习动力和参与度。例如，在学习生物实验时，通过多媒体展示动物的解剖结构和生命过程，学生可以更加直观地理解和记忆相关知识，并且更有兴趣去参与实验操作。

综上所述，多媒体技术在实验教学过程中的应用对于提升教学质量和学生学习效果具有重要的作用。通过增加互动性、提高直观性和增加趣味性，多媒体技术能够激发学生的学习兴趣和积极性，让实验教学活动成为他们主动参与和探索知识的过程，从而取得更好的学习效果。因此，在高职课程实施中，应该更加重视多媒体技术在实验教学中的应用，为学生提供一个更加精彩丰富、生动有趣的学习环境。

（二）实验教学中的媒体技术应用效果的评估

为了有效评估多媒体技术在实验教学中的应用效果，我们需要采用科学严谨的评估方法，并结合具体案例进行分析。下面，我们将探讨几种常见的评估方法：

1. 定量评估方法

在实验教学效果评估中，定量评估方法是一种常见的手段。可以通过收集学生在实验教学中的数据，如实验成绩、问题解决能力等，对比分析使用多媒体技术前后的差异，从而评估多媒体技术在实验教学中的应用效果。通过定量数据的分析，我们可以客观地了解多媒体技术的实际效果，并得出相应的结论。

2. 定性评估方法

定性评估方法关注的是学生在实验教学中的主观感受和意见反馈。通过访谈、问卷调查等方式，我们可以了解学生对于多媒体技术的态度、认知程度以及学习体验等方面的情况。这种方法能够更全面地了解学生对多媒体技术应用的接受程度和影响程度，为进一步的改进提供重要的参考。

3. 案例分析法

在实验教学效果评估中，我们可以选择一些有代表性的案例进行深入分析。通过选择不同实验课程中的案例，我们可以对不同领域中多媒体技术的应用进行对比研究。这种方法能够从实践中提取出宝贵的经验和教训，为多媒体技术的应用提供借鉴。

无论采用哪种评估方法，我们都需要注意以下几点。首先，评估的指标需要明确、具体，并与实验教学的目标相匹配。其次，要充分利用数据分析工具，对收集到的数据进行准确、科学的分析。再次，案例分析和定性评估方法需要进行适当的横向对比和纵向深入研究，以获得更具说服力和可行性的结论。

总结来说，实验教学中多媒体技术应用效果的评估是一项重要且复杂的任务。我们需要根据实验目标和实际情况，选择适当的评估方法，并充分利用数据和案例进行分析。通过科学的评估方法，我们能够更好地了解多媒体技术在实验教学中的应用效果，不断优化教学方法，提升学生的学习效果和体验。

六、多媒体技术在高职院校课程实施中的发展研究

（一）多媒体技术在高职院校课程实施中的评价和改进

在高职课程实施中，对于多媒体技术的应用效果进行评价是必不可少的，只有通过评价才能发现问题并进行改进。

在高职课程实施过程中，评价多媒体运用效果的方法有多种，其中一种常用的方法是发放学生调查问卷。通过向学生发放调查问卷，可以了解学生对多媒体技术应用的看法和体验。问卷中可以设置多个维度，包括教学内容的理解程度、教学过程中的参与度、对于多媒体课件的兴趣以及对于课堂效果的评价等。通过分析学生的反馈意见和评价结果，可以直观地了解多媒体技术应用的优势和不足之处。

另一种评价的方法是教师的观察和记录。教师在教学过程中可以观察学生对多媒体课件的反应和多媒体教学过程的参与程度，并记录下来。例如，教师可以观察学生是否能够积极参与课堂活动，是否能够准确理解多媒体课件中所呈现的内容，以及学生对于多媒体技术应用的态度等。通过教师的观察和记录，可以客观地评价多媒体技术的应用效果，并根据评价结果进行相应的改进。

多媒体技术应用的改进方法有多种。一种方法是根据学生的反馈意见和评价结果进行调整和改进。例如，如果学生普遍反映对于某个多媒体课件的理解程度不高，教

师可以针对这个问题进行相应的改进，例如调整课件的内容和呈现方式，增加讲解的详细程度等。另外，教师也可以根据自己的观察和记录，对于多媒体技术的应用进行反思，思考如何进一步完善和提升教学效果。

除了调整多媒体技术的具体应用方式和内容，还可以通过提升教师的多媒体运用技术，来推动多媒体技术在高职课程实施中的进一步发展和提升。教师可以参加相关的培训和研讨会，学习和掌握最新的多媒体技术。通过提升自身的技术水平和教学能力，教师可以更好地运用多媒体技术，为学生提供优质的教育资源。

（二）多媒体技术的应用在课程实施中面临的问题和挑战

多媒体技术在高职课程实施中的应用范围广泛，然而在应用的过程中也面临着一些问题和挑战。

首先，多媒体技术的应用需要一定的技术支持和基础设施支持，包括计算机、投影设备、音频设备等。这些设备的购买和维护成本较高，给学校和教师带来了一定的经济压力。同时，多媒体技术的操作也需要一定的技术培训，教师在应用过程中可能会遇到一些操作上的困难。

其次，多媒体技术的应用在一定程度上增加了教师的教学负担。在使用多媒体课件进行教学时，教师需要提前准备、收集相关的资料和资源，并进行编辑和制作。这需要耗费教师大量的时间和精力，尤其是对于一些不熟悉多媒体技术的教师来说，可能会面临着较大的挑战。另外，在学习过程中，教师还需要对多媒体技术的操作进行指导和辅导，以保证学生正常使用多媒体学习资源。

另外一方面与学生的互动与参与度有关。多媒体技术的应用在很大程度上是以学生为中心的，它可以提供更多的互动方式，激发学生的学习兴趣和积极性。然而，一些学生可能对多媒体技术的应用感到陌生或者不适应，他们可能缺乏对多媒体资源的有效利用能力，导致他们无法充分参与学习过程，乃至影响了学习效果。同时，在使用多媒体技术的过程中，学生的注意力易分散，可能会将注意力放在多媒体效果本身而不是学习内容上，影响了学习的深度与广度。

此外，多媒体技术的应用还需要关注内容的质量和合法性。在多媒体学习资源的开发过程中，需要确保所选取的内容真实、准确，并符合国家有关法律法规和教育要求。一些不恰当的内容可能会对学生产生负面的影响，因此教师在选择和使用多媒体资源时需要审慎把握。

总之，多媒体技术在课程实施中的应用既带来了许多机遇，也面临了一些问题和挑战。在解决这些问题的过程中，需要提供必要的技术支持和设施，促进教师和学生对多媒体技术的有效利用和应用，以提高教学效果和学习质量。同时，还要注意严格控制多媒体学习资源的质量，切实保障学生的学习权益和高职院校的教育安全。只有充分发挥多媒体技术的优势，解决相关问题和挑战，才能更好地促进高职院校的课程实施。

（三）多媒体技术在高职课程实施方面的未来研究方向

多媒体技术在高职课程实施中发挥了积极的作用，但是仍然存在一些有待解决的问题。在未来的研究中，我们应该关注以下几个方向以进一步提升多媒体技术在高职课程中的应用效果。

首先，我们应该继续研究和开发更加专业化和个性化的多媒体教学资源。高职课程的特点决定了需要针对不同专业的需求，提供相应的多媒体资源。例如，在计算机科学和技术专业中，可以开发针对不同编程语言和算法的多媒体教学资源，来帮助学生更好地理解和掌握相关知识。

其次，我们应该探索并应用新兴技术在多媒体教学中的应用。随着人工智能、虚拟现实等技术的快速发展，它们为多媒体教学带来了新的可能性。例如，可以利用虚拟现实技术来搭建虚拟实验室，让学生身临其境地进行虚拟操作，提升实践能力。

再次，我们应该注重评估多媒体技术在高职课程实施中的效果和影响。多媒体技术的应用需要经过有效的评估来验证其效果和影响。我们可以采用问卷调查、实验等研究方法，获得学生对多媒体教学的看法和反馈，以及对他们学习成果的评价。通过评估研究，可以不断改进和优化多媒体教学策略，提高学习者的学习效果。

最后，我们还应该注重多媒体技术与其他教育资源的融合与整合。多媒体技术应该作为高职课程实施中的一个有机组成部分，与其他教育资源（例如教材、实验设备等）相融合、相整合，形成一个完整的教学体系。通过多媒体技术与其他教育资源的有机结合，提供更加丰富、全面的学习资源，促进学生的多方位发展。

综上所述，多媒体技术在高职课程实施中的应用具有广阔的前景和潜力。未来的研究应该聚焦于专业化和个性化的多媒体教学资源的开发、新兴技术的应用、多媒体技术应用评估研究以及多媒体技术与其他教育资源的融合与整合等方面。通过持续的研究和努力，我们相信多媒体技术将为高职课程的实施带来更好的教学效果和学生学习体验。

第四章　高职院校课程质量保障

第一节　高职院校保障课程质量的意义

高职院校的课程质量好坏直接关系到其教育教学的质量和学生的学习效果。优质的课程能够提高学生的学习兴趣和主动参与度，利于培养学生的实际操作能力和职业技能。首先，课程质量的好坏对学生的学习效果有着直接的影响。对于高职教育来说，培养学生的实际操作能力和职业技能是非常重要的。优质的课程应能够提供充分的实践机会和实验设备，使学生能够真正地进行实际操作，增强他们的动手能力和实践能力。这样，学生在毕业后能够更好地适应实际工作中的要求，增强就业竞争力。其次，课程质量的好坏还关系到学生的学习兴趣和主动参与度。优质的课程设置能够激发学生的学习兴趣，使他们对所学专业有更深的理解和热爱。此外，优质的课程设计能够提供多样化的学习活动和教学资源，使学生能够更主动地参与到学习中来。他们可以通过小组讨论、实践操作等形式进行交流和合作，从而增强学习效果。此外，优质的课程还能够根据学生的兴趣和特长进行个性化的设置，使每位学生都能够找到适合自己的学习路径和发展方向。

综上所述，课程质量对高职院校的影响不可忽视。因此，高职院校需要高度重视课程质量保障工作，通过建立完善的课程质量保障体系和机制，不断提升课程质量，为学生的发展和社会的需要提供更为优质的教育教学服务。

一、高职院校保障课程质量的意义

在高职院校教育教学中，保障课程质量具有极其重要的意义。课程质量保障是提高教学质量的关键之一。高职院校以培养学生的技术技能为主要目标，而课程作为教学活动的基本组成单元，直接影响学生的学习效果和专业能力的培养。只有保障课程质量，才能提升教学的水平，确保学生成为合格的专业人才。

课程质量保障对于提升学校的声誉具有重要作用。优质的课程教学能吸引更多的学生和家长的关注和选择，进而提升学校的知名度和声誉。同时，高职院校的毕业生的就业情况也与课程质量密切相关，雇主更愿意招聘接受过高质量课程培养的学生，因为他们具备更好的专业素养和实践能力。

课程质量保障有助于促进教学改革和创新。随着时代的发展和社会需求的变化，高职院校需要不断进行教学的改革和创新，以适应职场的需求。而课程质量保障体系的建设就为教师提供了一个有效的反馈和评估渠道，可以及时发现存在的问题和不足，并对课程进行调整和改进。通过不断地改革和创新，高职院校可以更好地培养具备创新精神和实践能力的技术人才。

课程质量保障有助于推动高职院校的可持续发展。高职院校作为教育机构，必须要与时俱进，与社会需求保持紧密的联系。只有坚持不懈地保障课程质量，提高教学质量，才能吸引越来越多的学生选择该校，并为学生的发展创造良好的条件。同时，优质的课程教学也有助于吸引资金和资源的注入，为学校的可持续发展提供动力和支持。

综上所述，高职院校课程质量保障的意义不可忽视，不仅是提高学校教学质量的必然途径，更是推动教学改革和创新的保障措施，同时也是提高学校声誉和推动可持续发展的重要举措。高职院校应当重视课程质量保障体系的建设，加强内外部的监控与评估，以不断提升课程质量，培养更加适应社会需求的技术人才。

二、高职院校课程质量保障的重要性及其内容

在高职院校中，课程质量保障具有重要性。首先，课程质量保障是确保教育教学质量达到预期目标的关键要素。其次，课程质量保障能够保证学生获得高质量的教育资源和学习体验，提高他们的就业竞争力。此外，课程质量保障还可以增强高职院校与社会的联系，满足社会的需求，帮助学生更好地适应职业发展。因此，高职院校应采取有效措施来加强和改进质量保障工作。

在高职院校中，课程教学质量标准是课程质量保障的基础。这些标准应该明确具体，能够量化衡量课程的质量。例如，针对不同学科和专业，可以制定相应的知识和技能要求，以及教学评价指标。同时，还应该充分考虑学生的学习需求和学科发展的趋势，不断修订和优化课程教学质量标准，确保其具有时效性和适应性。

构建有效的课程质量保障体系是高职院校的重要任务。该体系应该包括课程教学设计、师资队伍建设、教学资源配置等方面的内容。首先，课程教学设计应该根据学科特点和学生需求，科学合理地安排教学目标、教学内容和教学方法。其次，高职院校应该加强师资队伍建设，提高教师的教学能力和专业素养，为课程质量保障提供有力支持。同时，还应该合理配置教学资源，包括实验设备、图书馆资源、信息技术设施等，确保学生能够获得全面和优质的学习资源。

建立健全的课程质量保障机制是确保课程质量的关键步骤。高职院校可以通过评估、监控和反馈等方式来实现机制的有效运行。首先，可以开展课程评估工作，对课程进行定期的评估和审查，发现问题并及时进行改进和优化。其次，可以通过监控学生的学习情况和教学的实施情况，及时发现并解决存在的问题。此外，还应该建立良

好的反馈机制，包括学生的评价、毕业生的就业情况等，以获取对课程质量的反馈信息，为进一步改进课程质量保障工作提供依据。

综上所述，高职院校的课程质量保障工作需要重视并且加强。通过制定课程教学质量标准、构建课程质量保障体系以及建立健全的课程质量保障机制，可以更好地提高课程的质量，培养具备实践能力和创新能力的高素质人才。在未来，高职院校还需要不断创新和改进，适应新时代的需求和挑战，提高课程质量保障工作的水平和效果。

第二节　高职院校课程质量标准与体系建设

一、课程教学质量标准

（一）制定课程教学质量标准的必要性

课程教学质量标准的制定对于高职院校来说具有重要的意义。首先，制定课程教学质量标准有助于提高教学质量。在高职院校教育中，课程的教学质量直接关系到学生的学习成果和综合素质的提升。因此，制定合理、科学的课程教学质量标准可以为教师提供明确的指导，促使其更好地进行教学活动，进一步提升课程的教学质量。其次，制定课程教学质量标准有利于规范教学内容和方法。通过制定明确的标准，可以对课程教学的内容、安排和教学方法进行规范，避免教学中的片面性和随意性，提高教学效果。再次，制定课程教学质量标准有助于评估和监控教学过程。通过对课程教学质量标准的制定，可以对教学过程进行有效的评估和监控，及时发现问题并采取措施进行改进。这有助于增强教学的透明度和可追溯性，为教学质量的提升提供有力的保障。此外，制定课程教学质量标准还有利于与社会和专业的对接，确保培养出符合行业需求和社会需求的高素质人才。

关于课程教学质量标准的内容和要求，应该涉及以下几个方面。第一是课程目标和目标达成度的要求。课程教学质量标准应明确规定课程的培养目标，以及通过评估要达到的目标达成度。第二是对教学内容和教学方法的要求。教学内容应当与课程目标相匹配，教学方法应当符合教育教学的原则，并注重培养学生的实践能力和创新意识。第三是对教材和教学资源的要求。教学材料应当具备科学性、权威性和适用性，教学资源应当充分利用现代化的教学技术和设施。第四是对评估和反馈机制的要求。评估和反馈机制应当全面、准确地评价学生的学习情况，及时给予学生和教师反馈，为进一步优化课程教学提供有效的依据。

综上所述，制定课程教学质量标准对于高职院校的教育教学具有必要性。它有助于提高教学质量，规范教学内容和方法，评估和监控教学过程，加强与社会和专业的对接。课程教学质量标准的内容和要求应涉及课程目标和目标达成度、教学内容和教学方法、教材和教学资源、评估和反馈机制等几个方面。通过制定合理的标准，高职院校可以不断提高教学质量，培养出更多优秀的应用型人才。

（二）课程教学质量标准的内容和要求

在高职院校中，制定课程教学质量标准是保障教学质量的重要步骤之一。课程教学质量标准是指对课程教学过程中各个方面进行规范和要求的一系列准则和标准。它包含了对课程的教学目标、教学内容、教学方法、教学评价等方面的要求，在师生双方的教学互动中起到了重要的引导和指导作用。

首先，课程教学质量标准的内容主要包括教学目标的明确性、课程内容的合理性、教学方法的科学性、教学评价的准确性等方面。教学目标的明确性要求课程设置明确、具体的教学目标，使学生知道需要达到什么样的学习效果。课程内容的合理性要求课程的内容能够覆盖所需掌握的知识点和技能，并与学生的实际需求相符合。教学方法的科学性要求教师掌握多种教学方法，灵活运用并根据学生的特点调整教学方式，以提高教学效果。教学评价的准确性要求评价方式科学合理，能够全面、客观地评价学生的学习情况和能力水平。

其次，课程教学质量标准的要求是为了确保教学能够达到预期的效果。课程教学质量标准中，教学目标的要求是确保学生能够全面理解和掌握课程的核心内容，培养学生的分析和解决问题的能力。课程设计的要求是确保教学能够有序、系统地进行，使学生能够逐步深入地理解和应用所学知识。教学方法的要求是确保教师能够采用多样化的教学手段和策略，激发学生的兴趣，提高学习动力。教学评价的要求是确保教学效果能够得到准确的评估和反馈，对教学过程进行及时调整和改进。

综上所述，明确的教学目标、合理的课程内容、科学的教学方法和准确的教学评价，能够确保教学过程的有效性和教学效果的良好。有针对性地制定课程质量保障标准对学生的学习提供了明确的指导，也为教师的教学工作提供了有效的支持和保障。因此，高职院校应高度重视课程教学质量标准的制定和实施，并不断进行改进和完善，以提升课程质量，培养高质量的应用型人才。

二、课程质量保障体系建设

（一）建立课程质量保障体系的目的

在高职院校中，建立课程质量保障体系具有重要的意义和目的。通过建立课程质量保障体系，我们能够确保教学过程中课程质量稳定和优良，进一步提升教育教学水平，促进学生成长和发展，推动高职教育的可持续发展。

首先，建立课程质量保障体系的目的在于保证课程质量的稳定性和一致性。高职院校拥有众多的课程和教学内容，而不同的课程教学质量往往有差异。通过建立课程质量保障体系，我们能够明确各个课程的质量标准和要求，统一教师的教学方法和教材选择，确保每门课程的质量稳定和可控。

其次，建立课程质量保障体系的目的在于提升学生的学习效果和能力培养。课程质量的好坏直接影响着学生的学习效果和成长。通过建立课程质量保障体系，我们能够设置明确的学习目标和教学要求，帮助学生清晰地了解自己需要达到的标准，培养学生的自主学习能力和批判性思维能力，从而提升他们的学习效果和综合素质。

再次，建立课程质量保障体系的目的还在于提高教师的教学水平和教学质量。作为课程的主要组成部分，教师的教学水平和教学质量直接影响着课程的质量。通过建立课程质量保障体系，我们能够为教师提供全面的教学指导和培训支持，促进他们的专业发展和能力提升，提高他们的教学水平和教学质量，从而为学生提供更好的教学服务。

综上所述，建立课程质量保障体系的目的在于保证课程质量的稳定和一致，提升学生的学习效果和能力培养，提高教师的教学水平和教学质量。只有通过建立完善的课程质量保障体系，我们才能够实现高职院校教育教学的提升和可持续发展。

（二）课程质量保障体系的组成要素

课程质量保障体系的建立是高职院校保障课程教学质量的重要举措，它包含了多个组成要素。

1. 具备清晰明确的课程目标和要求

通过制定明确的课程目标，可以为教师和学生提供明确的指导，使其在教学和学习过程中更有针对性和目标导向性。此外，明确的课程要求可以帮助教师和学生明确课程的重点和难点，为课程教学提供更加明确的方向。

2. 注重科学合理的教学方法和手段

有效的教学方法是提高教学效果和促进学生学习的关键。因此，课程质量保障体系应该包括对科学教学方法的研究与应用。教师在教学中可以运用多种教学方法，如讲授、讨论、案例分析、实践操作等，以提高学生的学习效果。

3. 强调教师的专业素养和教学能力

教师是课程教学的主导者，其教学能力和专业素养直接影响着课程的质量。因此，构建课程质量保障体系还要注重培养和提高教师的专业素养和教学能力。建立健全的教师培训和评估机制，加强教师教学理论和教学方法的培训，提高教师的教学水平和教学质量。

4. 进行有效的评估和监控

评估是衡量课程质量的重要手段，通过对课程教学效果的评估，可以及时发现问题和不足，为进一步提高课程质量提供依据。监控是保障课程教学质量的重要手段，通过对教学过程和结果的监控，可以及时发现和纠正教学中存在的问题，确保课程质量的稳定和可持续发展。

综上所述，课程质量保障体系的组成要素包括清晰明确的课程目标和要求、科学合理的教学方法和手段、教师的专业素养和教学能力，以及有效的评估和监控机制。这些要素相互配合、相互促进，才能构建一个有效、高效的课程质量保障体系，从而提高高职院校课程教学的质量和水平。

三、课程质量保障机制

（一）课程质量评估与监控机制

在高职院校的教育教学中，对课程进行全面评估和持续监控，可以发现课程存在的问题和不足之处，并及时进行改进和提升，以确保学生能够得到高质量的教学。

1. 课程质量评估

在课程质量评估中，学校需要制定一套科学、全面的评估指标体系。这个指标体系应该从教学目标达成度、教学资源利用情况、教学过程管理与实施情况等多个维度来评估课程质量。同时，还可以结合学生反馈意见、教师评估报告等多方面的信息，综合评估课程的教学效果和质量水平。

学校可以采用定期的课程评估方式，例如问卷调查、小组讨论、教学观摩等形式，进行课程质量的评估工作。评估结果应当及时反馈给教师，帮助他们了解自己的教学情况和存在的问题，从而进行针对性的改进。

2. 课程质量监控

课程质量监控是指对课程教学过程进行实时、动态的监控和跟踪。通过采集和分析各类教学数据，可以及时掌握课程的教学效果和实施情况，发现问题并及时采取措施加以解决。

在课程质量监控中，学校可以利用现代技术手段，如教学管理系统和数据分析软件等，对课程的实施情况进行实时监控。通过收集学生的学习表现、教师的教学行为和教学资源的利用情况等数据，可以对课程进行科学的评估和监控。

此外，学校还可以组织教师开展课程教学观摩活动，通过相互学习、互相借鉴，提高教师的教学水平和课程的质量。

3. 课程质量改进

在课程质量评估和监控的基础上，学校应当建立健全的课程质量改进机制。通过分析评估结果和监控数据，发现问题和不足之处，并制定具体的改进方案和措施，加以改进和提升。

改进课程质量的主要途径之一是教师的专业发展与培训。学校应该提供有针对性的培训课程和机会，帮助教师提高教学技能和教育教学理论水平。同时，还可以建立教师教学交流平台，促进教师之间的互相学习和分享。

此外，学校还可以加强与行业和社会的合作，争取更多的实践机会和资源支持。通过与企业、行业协会等合作，将实际工作经验融入到课程中，使之更加贴近实际需求，提高课程的实效性和实用性。

总之，高职院校的课程质量评估与监控机制是确保教学质量的重要手段。通过科学的评估、实时的监控和有效的改进，能够不断提升课程的教学质量，为学生提供更好的教育服务。

（二）课程质量改进与提升机制

在高职院校的课程质量保障机制中，课程质量改进与提升机制扮演着重要的角色。它是为了不断提高教学质量、满足学生需求和社会需求而建立的一种机制。通过不断改进和提升课程质量，高职院校才能够更好地培养学生的综合素质和实践能力。

首先，课程质量改进与提升机制需要建立科学的评估体系。这一体系可以通过定期开展课程评估和教师评估来实现。课程评估可以从多个角度对课程目标、教学内容和教学方法进行评价，以确定课程的优点和不足之处。教师评估则可以评估教师的教学水平和教学态度，以促进教师的进一步提升。

其次，课程质量改进与提升需要加强师生的互动与反馈。在教学过程中，教师应积极引导学生参与讨论和互动，提高学生的参与度。同时，教师还应主动收集学生对课程的意见和建议，并及时做出相应的调整和改进。通过师生的互动和反馈，课程的质量将得到不断地提升。

再次，课程质量改进与提升需要与行业需求和社会需求相结合。高职院校应密切关注社会的发展需求和行业的需求，及时对课程内容、教学方法和实践环节进行调整和改进，以确保培养出与社会需求匹配的高素质人才。同时，高职院校还应积极与行业企业建立合作关系，组织学生参与实践项目和实习，以提高学生的实践能力和就业竞争力。

最后，课程质量改进与提升需要进行长期的持续性改进。高职院校应定期进行评估和研讨，总结教学经验和教学方法，并及时进行调整和改进。同时，高职院校还应鼓励教师进行教育教学研究，提高教师的教学能力和教育创新能力，以推动课程质量的不断提升。

综上所述，课程质量改进与提升机制是高职院校课程质量保障体系的重要组成部分。通过建立科学的评估体系、加强师生互动与反馈、与行业需求和社会需求相结合，以及进行持续性改进，高职院校能够不断提高课程的质量，培养出符合社会需求的高素质人才，也为高职院校的发展和社会的进步做出贡献。

（三）课程质量保障机制的运行与管理

在高职院校中，确保课程质量的高效运行和有效管理是至关重要的。为此，建立和完善课程质量保障机制是必要的。以下将重点讨论课程质量保障机制的运行与管理。

首先，要保证课程质量保障机制的顺畅运行，需要明确相关的责任和权限。学校管理层应该明确课程质量保障机制的具体实施方案，并确保相关人员有足够的责任心和专业知识来履行自己的职责。同时，学院应该建立健全的沟通与协调机制，确保各个部门之间的信息流通和协作高效有序。

其次，建立科学有效的评估和监控机制是保障课程质量的重要环节。通过建立课程质量评估体系，学校可以对课程进行全面、客观而科学的评估，发现问题并及时进行改进。同时，监控机制的建立能够及时发现并纠正教学过程中的问题，确保课程的顺利进行。在评估和监控过程中，学校可以采用多种手段，如教学观察、学生评价、教师自评等，以确保评估结果的客观性和全面性。

再次，要不断提升课程质量，课程质量保障机制需要建立改进机制。学校可以通过教师培训、教育技术支持和教学资源提供等方式来提升教师的教学水平和专业素养，以确保教学质量的不断提高。同时，学校还可以加强与相关行业和企业的合作，引入实践项目和专业实训，从而提升课程的实用性和适应性。

最后，课程质量保障机制的运行与管理需要高度重视。学校应该建立健全的质量保障管理体系，确保课程质量保障机制的有效运行。对于出现的问题和难题，学校应该及时进行分析和解决，确保课程质量的稳定提升。此外，学校还要加强与教师和学生的沟通，及时了解他们的需求和反馈，以便更好地调整和完善课程质量保障机制。

综上所述，课程质量保障机制的运行与管理对于高职院校来说是至关重要的。通过明确责任和权限、建立评估和监控机制、建立改进机制以及加强管理和沟通，学校能够有效保障课程质量保障机制的高效运行，提升教学水平，为学生提供优质的教育教学。

四、课程质量保障工作的未来发展方向

课程质量保障工作是高职院校教育未来发展的关键所在。为了进一步提升课程教学质量，我们需着重在以下几个方面进行改进。

（一）加强课程教学质量标准的制定和实施

在制定课程教学质量标准时，需要充分考虑当代社会发展的需求和学生的实际需求。通过广泛的调研和专家意见的征询，制定具有权威性和可操作性的课程教学质量标准，以确保教学目标的明确性和可衡量性。

（二）加强课程质量保障体系的建设

建立完善的课程质量保障体系，涵盖教师培训、教学管理、教学评估等方面，以确保各个环节的质量得到有效的保障。其中，教师培训是关键，我们应加强对教师的培训和专业发展，提高他们的教学能力和教学水平，从而提升整体的课程教学质量。

（三）加强课程质量保障机制的建立和完善

建立课程质量保障机制，能够及时发现和解决教学中存在的问题，以确保课程质量的持续改进。在这个过程中，我们可以借鉴其他优秀学校的经验和做法，结合我们自身的实际情况，制定出适合自己的课程质量保障机制。

（四）注重创新和实践，使课程质量保障工作与时俱进

随着科技的迅速发展和社会的不断变革，课程变革已成为必然趋势。因此，我们需要不断进行创新和实践，积极探索新的课程教学模式和方法，适应社会和产业的需求，提供更加优质的教育服务。

综上所述，未来的课程质量保障工作需要我们加强课程教学质量标准的制定和实施，加强课程质量保障体系的建设，加强课程质量保障机制的建立和完善，并注重创新和实践。只有这样，我们才能持续提升高职院校的课程质量，为学生的成长和社会的发展提供更好的教育质量保障。

第三节　高职院校课程质量评估与监控

一、课程质量评估指标与方法

（一）教学质量评估指标体系

在高职院校课程质量保障工作中，通过建立科学合理的评估指标体系，我们可以

全面评估和监测课程质量的各个方面，为进一步的课程质量改进提供有力的支撑。

建立教学质量评估指标体系的首要任务是确定评估的关键要素和指标。一般来说，教学质量评估指标可以从多个维度考虑，例如教学目标的实现情况、教学方法与手段的科学性、学生学习能力的培养效果等。在这些维度中，可以具体细分出各种具体的指标，比如教学效果的评估指标可以包括学生成绩的提升、课程内容的覆盖程度等。

然而，确定评估指标还需要考虑到实际操作的可行性和可靠性。评估指标应该是易于获得的相关数据，并能够反映教学的真实情况。因此，在确定指标时，应该考虑到评估过程中所需数据的收集方式，比如通过问卷调查、学生评价、教师自评等方式进行数据采集。同时，指标的选取也应该具有客观性和可比性，以确保评估结果的科学性和有效性。

此外，教学质量评估指标体系还应该与高职院校的特点和发展目标相适应。不同的学校可能有不同的教育理念和价值导向，因此评估指标应考虑到这些因素。比如，对于注重实践能力培养的学校，可以将实践操作能力的评估纳入指标体系中。

总之，在构建教学质量评估指标体系时，我们不仅需要兼顾评估的全面性和科学性，还需要考虑到指标的可行性和适应性。只有在这些要素的综合考虑下，才能确保评估指标体系的有效性和可操作性，为课程质量评估与监控工作提供有力的支持。

针对高职院校课程质量评估的需要，选择合适的评估方法是至关重要的。以下将探讨评估方法的选择和应用，以确保评估的准确性和有效性。

首先，评估方法的选择应考虑到课程的特点和目标。不同的课程可能有不同的教学目标和特点，因此需要选择适用的评估方法来反映课程的实际情况。例如，对于实践性课程，可以采用观察、实地考察等方法，以评估学生的实际操作能力和问题解决能力。对于理论性课程，可以采用问卷调查、笔试和论文等方法，以评估学生的理论理解和分析能力。

其次，评估方法的应用是一个动态的过程。评估方法的应用需要根据实际情况进行调整和改进，以确保评估结果的准确性和可靠性。评估方法应该能够反映学生的真实水平和课程的实际情况，并能够提供有针对性的改进建议。因此，在评估过程中需要及时收集、整理和分析评估数据，以确保评估的有效性。

再次，评估方法的应用需要结合专家意见和学生反馈。专家意见和学生反馈是评估的重要依据之一，可以帮助评估人员更全面和客观地了解课程的优势和不足之处。专家可以提供专业的评价和建议，而学生反馈可以提供实际的学习体验和感受。通过结合专家意见和学生反馈，评估人员可以更准确地评估课程的质量，并提出有针对性的改进措施。

综上所述，评估方法的选择与应用是高职院校课程质量公正评估的关键。应针对不同课程的特点和目标，选择适用的评估方法来反映课程的实际情况。评估方法的应用是一个动态的过程，需要根据实际情况进行调整和改进。同时应结合专家意见和学生反馈，更全面和客观地评估课程的质量，并提出有针对性的改进措施，以不断提高课程的质量水平。

1. 评估指标的选择

评估指标的选择应该充分考虑到课程内容、教学目标和学生需求等方面。一方面，评估指标应该涵盖课程的知识体系、教学设计、教学资源等方面的内容，反映课程整体的质量。另一方面，评估指标还应该具备可操作性和可量化性，以便于评估工作的开展和结果的分析。

2. 评估方法的选择

针对高职院校课程质量评估，需要选择合适的评估方法进行实施。常见的评估方法有问卷调查、实地观察、访谈、文献分析等。根据具体的评估目的和实际情况，可以综合运用多种评估方法，以取得更准确和全面的评估结果。同时，评估方法的选择应该充分考虑到可行性和可接受性，确保评估工作的顺利进行。

3. 评估指标与方法的衔接

评估指标和评估方法应该相互衔接，并形成一个有效的评估体系。具体而言，评估指标应该是评估方法的基础和依据，而评估方法则是对评估指标进行量化和分析的手段。两者的衔接关系应该紧密，确保评估过程的科学性和有效性。此外，评估指标和方法的衔接还有助于评估结果的解读和推断，进一步促进课程质量的提升。

4. 案例分析

为了进一步说明评估指标与方法的选择，这里提供一个具体的案例分析。某高职院校计算机专业的课程质量评估中，评估指标可以包括教师的教学能力、课程设置的合理性、教学资源的配备程度等方面。可以综合运用学生评价问卷调查、教学质量观察、教师访谈等方式进行评估，以获取全面而准确的评估结果。

（二）评估结果分析与解读

对于高职院校课程质量评估而言，评估结果的分析与解读是一个至关重要的环节。通过对评估结果的深入分析和准确解读，可以为课程质量的改进提供有力的依据和指导。以下将对评估结果的分析与解读进行探讨。

1. 进行评估结果的整体分析

在评估过程中，我们采用了一系列科学可行的评估指标和方法，获取了大量有关教学质量的数据。在对这些数据进行整合和统计的基础上，我们可以对课程的整体质量状况进行评估。通过对不同指标的得分情况进行比较和分析，我们可以了解到课程在各个方面的表现和存在的问题。这样的整体分析可以为后续的改进和调整提供重要的参考。

2. 进行评估结果的细致解读

针对评估结果中出现的不同得分和数据差异，我们需要进行深入的解读和分析。比如，在某一指标上得分较低的原因可能是教师教学能力不足、教材选择不合理等。通过对这些评估结果的具体解读，可以找到相应的解决方案和改进措施。同时，我们还需要注意评估结果之间的关联性，以便全面理解评估结果的内涵。

3. 进行评估结果的应用和推广

评估结果的分析与解读不仅仅是为了了解课程的质量情况，更重要的是为后续的课程质量改进和管控提供科学的依据和参考。充分利用评估结果，可以制定出有针对性的改进计划，并监控其执行效果。同时，合理利用评估结果还可以为其他高职院校课程质量的提升提供借鉴和参考，帮助其他院校在课程建设和质量保障方面取得更好的成果。

综上所述，评估结果的分析与解读在高职院校课程质量评估中具有重要的作用。我们需要进行整体分析、细致解读，并将评估结果应用于后续的改进和推广工作。通过这样的过程，我们可以不断提升课程的质量水平，为学生提供更好的教育教学环境和服务。

二、课程质量调查

以下将重点介绍高职院校课程质量调查的相关内容。课程质量调查是一种重要的评估手段，通过收集、分析和解释相关数据，为提升课程质量提供依据和决策支持。在高职院校中，进行课程质量调查的目的是深入了解课程的教学效果、学生满意度、教师教学水平等方面的状况，全面评估课程的质量。

为了确保调查结果的准确性，课程质量调查应该采用多种数据收集方法。定量方法以问卷调查和测试成绩等数据为主要来源，通过统计分析等手段进行综合评估；定性方法则通过访谈、座谈会和案例研究等方式，深入了解师生对课程的看法和体验，为改善教学和课程设计提供宝贵的经验和建议。

课程质量调查应该将重点放在学生的参与和反馈上。学生是课程的主要受益者，他们的意见和需求直接影响课程质量的提升和改进。为此，调查问卷应该设计合理、简洁，以便学生能够迅速反馈意见和建议。此外，还可以采用学生代表参与教学评估、召开座谈会等方式，听取他们的声音，了解他们在学习过程中的问题和困惑，并及时采取措施加以解决。

课程质量调查的结果应该及时反馈给教师和相关部门，并根据反馈结果制定改进计划。教师可以根据调查结果对自己的教学方法和内容进行调整，努力提升教学水平；相关部门可以根据调查结果制定改进策略和措施，推动整个课程体系的提质增效。

（一）课程质量调查设计与实施

在高职院校课程质量评估与监控中，课程质量调查是一个重要的手段。通过调查，可以了解到课程的质量状况、学生对教学内容和方式的满意度，以及教学中可能存在的问题和潜在的改进空间。因此，课程质量调查的设计与实施需要具有科学性、有效性和可操作性。

首先，调查的设计需要确定调查的对象和范围。在高职院校中，调查的对象通常是学生、教师和管理人员。针对不同对象，可以设计不同的调查问卷或面谈指南。此外，还需要确定调查的时间、地点和方式。调查时间应该选在学期末或学年末，以便学生对整个学期或学年的课程质量有全面的评价。调查地点可以选择教室、实验室或学生宿舍等，以方便学生参与调查。调查方式可以是纸质问卷调查、在线问卷调查或面谈等，应该根据实际情况选择最合适的方式。

其次，调查的实施需要确保调查的可信度和有效度。可信度指的是调查结果的真实性和可靠性；有效度指的是调查结果的有效性和相关性。为了保证可信度，可以采取随机抽样的方法，确保样本的代表性和可靠性。此外，问卷或面谈指南的设计应该具有科学性和一致性，以确保不同时间和地点的调查结果具有可比性。为了保证有效度，可以选择合适的调查问题和量表，确保调查内容与课程质量评估的目标和指标相匹配。

再次，调查的实施需要确保调查过程的顺利进行。在调查开始前，应该对调查人员进行培训，确保他们理解调查目的和方式，并能够正确、客观地进行调查。在调查过程中，应该保证保密性和匿名性，鼓励被调查对象真实地表达意见和提出建议。此外，还应该及时收集和整理调查数据，确保数据的完整性和准确性。

总之，高职院校课程质量的调查设计与实施是评估与监控的重要环节。通过科学且有效的调查，可以了解到课程质量的真实情况和问题，为进一步的课程质量监控与改进提供依据和建议。因此，在调查设计与实施中，需要注意调查对象的确定，调查时间、地点和方式的选择，以及调查过程的可信度和有效度保证。只有做到这些，才能确保调查结果的准确性和可操作性，为高职院校的课程质量评估与监控提供有效的支持。

（二）调查数据分析与整理

在课程质量调查的过程中，调查数据的分析与处理是至关重要的。通过对调查数据的分析，我们可以深入了解学生对于课程的态度、对于教学方法的评价以及对于课程内容的理解程度等。同时，对数据进行处理可以帮助我们揭示出潜在的问题，并提供改进的方向。

对调查数据进行整理是必不可少的工作。在数据整理过程中，我们需要对问卷调查或者其他形式的调查工具收集的数据进行整合，消除重复或者无效数据等。同时，我们还要确保数据的准确性和完整性，以确保后续的分析和处理能够基于可靠和有效的数据。

选择合适的数据分析方法是至关重要的。不同的调查数据可能需要采用不同的分析方法进行处理和解读。例如，如果是定量数据，我们可以采用统计分析方法，如均值、标准差、相关性分析等，来揭示出不同变量之间的关系；如果是定性数据，我们可以采用主题分析、内容分析等方法，来深入挖掘出潜在的问题和意见。

在数据分析的基础上，我们可以对课程质量进行综合评估和比较。通过比较不同课程或者不同教学团队之间的数据差异，我们可以发现一些明显的差距并提出改进的建议。同时，我们还可以探索一些特定因素与课程质量之间的关系，从而提供更具体的改进方案和措施。

三、课程质量监控与改进

有效的课程质量监控机制能够帮助学校及时发现问题，采取相应的改进措施，提高课程质量，为学生提供更好的学习体验。

（一）课程质量监控与改进的实施原则

1. 学校应建立健全的课程质量监控机制

这一机制应该包括多个层面的监控，包括内部监控和外部监控。内部监控主要由学校内部的教务处、质量管理部门等相关部门负责，监控和评估课程的实施情况。外部监控则由教育主管部门、行业协会等相关机构负责，以确保高职院校课程的质量符合相关标准和要求。

2. 监控与改进应基于充分的调研和课程质量评估结果

学校可以通过课程质量调查、学生反馈等方式，了解学生对课程的评价和需求，并将这些信息纳入到监控与改进的过程中。此外，学校还可以借鉴其他高职院校的好经验和做法，通过学习与交流来改进自身的课程。

3. 监控与改进应注重问题解决和持续改进

一旦发现问题，学校应及时采取相应的解决措施，并确保问题不再重复发生。同时，学校应建立一个持续改进的机制，不断寻求提升课程质量的方法和途径。这可以包括定期的评估和监控活动，以及与企业合作开展实践教学等，以确保课程内容与就业市场需求的匹配度。

4. 监控与改进应强调信息共享与广泛参与

学校应积极与学生、教师和相关利益方进行沟通和交流，广泛征求意见和建议。这样可以有效地收集各方面的观点和反馈，为监控和改进工作提供有力支持。

综上所述，在高职院校课程质量评估与监控的过程中，课程质量监控与改进是关键环节。学校应建立健全的课程质量监控机制，基于调研和评估结果进行监控与改进，并注重问题解决和课程质量持续改进。此外，信息共享与广泛参与也是至关重要的，通过与各方进行沟通和交流，学校能够更好地了解社会需求和改进方向，提高课程质量，为学生提供更好的教育服务。

（二）课程质量监控的具体措施

1. 课程质量监控机制与流程的建设

针对高职院校课程质量评估与监控的需要，建立科学有效的监控机制与流程是至关重要的。监控机制的建立旨在保障课程质量的稳步提升，通过监控流程，及时发现并解决存在的问题，促进教学质量的不断改进。

在监控机制的建立过程中，需要明确监控的主体及其职责。学校应成立专门的课程质量监控与改进部门，负责统筹协调各方面资源，确保监控工作的顺利进行。同时，需要明确各个职能部门的具体监控职责，确保各个环节中不会出现监控盲区。

监控机制应该借鉴先进经验并结合实际，建立合理的监控流程。在实施监控前，应制定详尽的监控计划，明确监控的目标和重点。监控过程中，要强化对课程质量的全方位监测，包括对教学内容、教学资源、教学方式等的全面评估。同时，要确保监控工作的持续性，建立定期的监控评估机制，确保对课程质量的监控是长期有效的。

在监控流程中，关键的一点是及时反馈监控结果。监控部门应当及时收集监控数据，并对数据进行分析和整理，确保监控结果的准确性和可靠性。监控结果的反馈应透明公开，及时向相关职能部门和教师反馈监控结果，帮助他们了解自身在课程质量方面存在的问题，并提供改进的方向和建议。

监控机制和流程应不断完善和优化。在实践过程中，监控部门需要根据监控的效果和反馈意见，不断调整和改进监控机制和流程。与此同时，监控部门还可以加强与相关高职院校的交流与合作，借鉴他们的经验与教训，进一步提高监控工作的科学性和有效性。

2. 监控结果分析与反馈

在高职院校课程质量监控管理中，对监控结果的分析与及时反馈是十分重要的一部分。监控结果的分析可以帮助评估机构和教师全面了解课程质量的实际情况，并据此采取相应的改进措施。而反馈则是将监控结果向相关人员传达和沟通，以促进教学的质量提升。

首先，对监控结果进行分析时，我们应该关注评估指标的各项数据指标，如教学效果、学生学习成果、教学资源等。根据不同的指标，我们可以采用不同的分析方法，如统计分析、比较分析。通过对这些数据指标进行综合分析，可以帮助我们获取更全面、客观的课程质量信息，并对监控过程的缺点和优势进行科学评估。

其次，对监控结果的反馈应该是及时和有效的。教师和评估机构应该及时收集和整理监控结果，并将其详细反馈给相关的教师和管理人员。在反馈过程中，我们应该注重与相关人员的沟通和互动，确保他们能够充分了解监控结果，并清晰地理解其中的问题和改进方向。同时，我们还可以提供具体的改进建议和支持措施，帮助相关人员实施有效的改进措施。

要保证监控结果的分析和反馈的有效性，我们还需要关注一些关键问题。首先，我们应该确保分析和反馈过程的透明和公正，避免任何形式的主观偏见或歧视。其次，我们应该注重信息的可靠性和准确性，确保分析和反馈所依据的数据和信息是真实可信的。最后，我们还应该建立起良好的沟通机制和反馈渠道，使监控结果的分析和反馈可以及时地传达给相关人员，并促进后续的改进行动。

在实际操作过程中，评估团队和教师应该共同努力，不断优化监控结果的分析与反馈机制。只有通过及时而有效的分析和反馈，我们才能更好地促进课程质量的改进与提升，为学生的学习效果和就业能力的提升提供更有力的支持。

通过对监控结果的综合分析，我们可以全面了解课程质量的实际情况，并据此提出改进措施。而通过及时和有效的反馈，我们可以促使相关人员对监控结果进行深入思考，并采取相应的行动。通过持续不断的分析和反馈过程，我们可以不断优化课程质量监控与改进工作，从而提升学生的学习体验和学习成果，为高职院校的发展做贡献。

四、改进措施及其效果评估

此部分旨在研究高职院校课程质量监控与改进的具体措施，并对这些改进措施的效果进行评估。

首先，以课程资源的优化与更新作为主要的改进措施。为了提高课程的适应性和实用性，教务团队与教师团队合作，积极寻找新的教材和教学资源，并对其进行评估和筛选。同时，鼓励教师进行自主创新，并为其提供培训和支持，以促进他们在课程设计和教学方法上的改进。通过这些措施，可以成功地将新的教材和教学资源引入到课程中，提升课程的质量和实用性。

其次，应重视学生的反馈和评价，将其作为改进课程的重要依据。可以建立一个有效的学生反馈机制，通过问卷调查、小组讨论和个别面谈等方式收集学生对课程的意见和建议。鼓励学生提出他们对课程的需求和期望，并及时予以反馈和响应。根据学生的反馈，对课程进行相应的调整和改进，以提高课程的针对性和吸引力。通过学生的参与，可以成功地将课程与学生的需求更好地结合起来，增强学生的学习动力和主动性，进一步提高课程的质量。

再次，注重课堂教学的改进与创新。鼓励教师采用多种教学方法和教学手段，包括案例分析、小组讨论、实践操作等，以提高教学的多样性和活跃性。同时，积极利用现代教育技术，如多媒体教学和在线学习平台，为课堂教学提供更多的支持和资源。这些改进措施的采取，旨在激发学生的学习兴趣和参与度，提高他们的学习效果和能力。

为了评估这些改进措施的效果，我们也可以采用多种方法，包括学生评价、教师评估和课程成绩分析等。通过学生的整体反馈和评价，了解他们对课程改进措施的认可程度和满意度。同时，与教师进行交流和讨论，听取他们对改进措施的意见和体会。此外，还可对课程成绩进行统计和分析，以了解课程改进对学生成绩的影响。通过这些评估方法，我们能够全面把握课程改进的效果，及时发现问题和不足，并采取相应的措施进行调整和改进。

总之，通过上述改进措施的实施和有效评估，我们能够更好地监控和改进高职院校的课程质量。通过优化课程资源、重视学生反馈和评价、改进课堂教学等多方面的努力，不断提升课程的质量和教学效果。同时，通过评估和分析，客观地评判改进措施的效果，为今后的改进提供指导和参考。这些都有助于高职院校提升教育质量，培养更多具有实践能力和创新意识的优秀人才。

五、未来发展方向与研究建议

在高职院校课程质量评估与监控的实践中,我们发现仍然存在一些亟待解决的问题。针对这些问题,提出一些研究建议及发展方向展望,以期能够进一步提升和完善课程质量评估与监控的效果。

首先,应进一步完善评估指标与方法的体系。当前,高职院校课程质量评估指标体系多样,但仍有待进一步增强其权威性和科学性。我们建议开展跨学科的研究,深入探索各学科领域中的评估指标和方法,构建一个综合性、包容性的指标体系。同时,应注重引入国际先进评估经验,与国际接轨,提高我们的课程质量评估水平。

其次,应注重推进课程质量调查与评价工作。课程质量调查是评估与监控的重要手段之一,能够直接反映学生和教师对课程的认知和满意度。因此,我们建议加强对课程质量调查的研究,探索更为有效的调查方法和工具,以确保获取准确、可靠的调查数据。同时,应借鉴先进的调查问卷设计和数据分析技术,以提升我们的调查质量和效果。

再次,应强化完善与改进的机制和措施。课程质量监控与改进是课程质量评估工作的重要环节,其目的是通过监控和反馈机制及时发现问题并进行改进。我们建议加强对监控与改进机制的研究,建立健全相应的管理制度和流程。此外,要注重教师和学生的参与,建立有效的反馈机制,以便及时调整和改进教学过程和方法,提升课程质量。

最后,我们认为需要加强多学科、跨领域的合作研究。课程质量评估与监控是一项复杂的工作,需要多方的参与和支持。因此,我们建议加强不同学科领域和相关领域的合作研究,形成合力,推动课程质量评估与监控工作的发展。

第四节　高职院校学生学习效果评估与反馈

一、高职院校学生学习效果评估与反馈的重要性

(一)教育教学改革的需要

在高职院校教育中,教育教学改革一直是推动学生学习效果评估和反馈的重要驱动力。教育教学改革的需要主要体现在以下几个方面。

首先,随着社会的发展,职业教育面临着新的挑战和变革。传统的教学模式和评估方式已经无法满足时代发展的需求。只有通过教育教学改革,才能够更好地适应社会需求,培养出适应时代发展的高素质人才。

其次，高职院校学生的学习效果评估和反馈是教育教学改革的基石。传统的教学方式注重的是教师的授课，而忽视了学生的实际学习情况。通过学生学习效果评估和反馈，可以更好地了解学生的学习情况，发现学生学习中的问题，并针对性地进行改进。

再次，教育教学改革的需要还体现在引导全面发展和培养创新能力的方面。传统的评估方式往往只注重学生的知识掌握程度，而忽视了学生综合能力和创新思维的发展。通过改革评估方式，可以更好地引导学生全面发展，培养学生的创新能力，使其具备面对未来社会挑战的能力。

在教育教学改革的推动下，高职院校能够更好地实施学生学习效果评估与反馈。通过评估，能够及时发现学生的学习问题，改进教学方法和内容，提高教学质量；而通过反馈，能够激发学生的学习动力，促进学生的进步。因此，教育教学改革是高职院校学生学习效果评估与反馈的重要需求和基础，也是持续提高教育质量的关键所在。

通过对教育教学改革的需要的探讨，可以看出高职院校学生学习效果评估与反馈的重要性。只有通过不断改革教育教学模式和评估方式，才能够更好地提升学生的学习效果，促进学校教育的发展。因此，在今后的教育教学改革及学生学习效果评估与反馈研究中，需要不断加强对该领域的深入探索和创新。

（二）学生学习效果评估的作用

学生学习效果评估作为一种常用的教育评估手段，对于高职院校的教育教学改革具有重要的作用。它旨在通过科学、客观地检测和评估学生的学习成果，为教学改进和学生发展提供数据支持和参考，进而促进教育教学质量的提高。

1. 帮助教师了解学生的学习情况和成果

通过评估学生的学习效果，教师可以及时发现学生在知识掌握、能力培养等方面存在的问题和不足。这有助于教师对教学内容和方法进行调整和优化，提高教学效果，使学生更好地理解和掌握所学知识。

2. 促进学生自主学习

评估结果可以直观地展现学生的学习成果和知识掌握程度，激发学生的学习兴趣和积极性。同时，评估结果也可以揭示学生在学习中的问题和差距，引导学生主动思考和总结，从而调整学习策略和方法，提高学习效果。通过评估反馈，学生可以更好地认识自己的学习水平和能力，明确自己的学习目标。

3. 可以为学校和教育管理部门提供依据

评估结果可以用于学校教学质量的监测和评估，为教育管理部门制定相关政策和措施提供参考。通过对学生学习效果的评估，学校可以及时发现教学过程中的问题和不足，进行教育教学改革和优化。同时，评估结果也可以用于学生综合素质评价和职业发展指导，为学生的个性化培养和职业规划提供参考。

综上所述，学生学习效果评估在高职院校的教育教学改革中发挥着不可忽视的作用。它不仅可以帮助教师了解学生的学习情况和成果，培养学生自主学习能力，还可以为学校的教育管理和学生的职业发展提供依据。因此，高职院校应该重视学生学习效果评估，加强评估方法和反馈机制的建设，保障教育教学质量，促进学生的全面发展。

（三）学生学习效果反馈的作用

在高职院校中，将学生的学习效果评估结果进行反馈可以帮助教师了解学生的学习情况，同时也为学生提供一个反思和改进的机会。

1. 为教师提供重要的参考信息

通过将学生学习效果评估结果反馈给教师，教师可以了解到学生的知识掌握程度以及学习中的问题和困难。例如，如果发现学生对某个知识点掌握不够好，教师可以针对性地进行复习和强化讲解，帮助学生更好地理解和掌握。而如果发现学生整体学习效果较好，教师可以更进一步地拓展教学内容，提供更多发展机会。

2. 为学生提供及时反思和改进的机会

通过评估结果，学生可以了解到自己在学习过程中的不足之处和需要改进的方面。及时的反馈能够激发学生的学习动力，帮助他们更加积极地投入到学习中。同时，评估结果的反馈也可以帮助学生制定个性化的学习计划。例如，如果评估结果显示学生在某个学习项目上成绩较差，那么学生可以根据结果制定相应的学习策略和计划。这样，学生可以有针对性地进行学习。

3. 对学校和教育机构具有重要的指导意义

通过将学生学习效果评估结果反馈给学校，学校可以了解到教学质量和教学效果的整体情况。这不仅可以为学校提供改进教育教学的方向和重点，还能够为学校制定相应的政策和措施提供依据。同时，学生学习效果评估的结果也可以为学校进行教学资源配置和调整提供参考，以提高整体的教学质量。

二、评估的依据与方式

（一）学习目标与评估标准

学习目标与评估标准是高职院校学生学习效果评估的基础和依据。学习目标是指教师根据课程要求和学生能力水平设定的预期学习结果，它能够明确表达出学生应该达到的知识、技能水平。评估标准则是用来衡量学生是否能够达到学习目标的依据，它可以明确描述出具体的学习要求和表现水平。

在制定学习目标时，教师应该结合课程特点和学生实际情况进行合理的设计。首先，学习目标应该符合课程的目标与要求，与教学大纲和课程标准相一致。其次，学习目标应该考虑到学生的实际情况和能力水平，具有适度的挑战性，既能够促进学生的学习，又不至于过于困难而导致学习失去兴趣。最后，学习目标应该能够切实对学生的学习成果进行准确的描述，具体量化并可衡量。

评估标准的制定是评估过程中的重要环节，它需要考虑到学习目标的要求和实际的评估操作。在制定评估标准时，应该遵循以下几个原则。首先，评估标准应该与学习目标相对应，能够准确地衡量学生是否达到了预期的学习结果。其次，评估标准应该具有明确的描述和参照标准，能够为学生提供明确的学习要求和行为指导。最后，评估标准应该具有可操作性和可量化性，能够为评估过程提供一种便捷和客观的方式。

值得注意的是，学习目标和评估标准的制定应该是一个动态的过程。在教学实践中，教师可以根据学生的学习情况和反馈信息进行及时的调整和修正。通过不断地修订和完善学习目标和评估标准，能够使评估更加客观和有效，也能够推动学生学习，提高自主性。

综上所述，学习目标与评估标准的合理制定能够为评估提供明确的依据，激发学生的学习动力，提高学习效果评估的准确性和可衡量性。因此，在进行学生学习效果评估时，教师应该重视对学习目标和评估标准的研究，确保评估过程的科学性和有效性，为学生的学习提供有针对性的指导和反馈。

（二）评估工具与方法

在高职院校学生学习效果评估中，选择合适的评估工具和方法是至关重要的。不同的评估工具和方法能够帮助评估者了解不同学生的学习情况，并确保评估结果的准确性和可靠性。

首先，一种常用的评估工具是学习记录和作品集。通过学习记录，评估者可以追踪学生的学习过程，从而了解学生在学习中的积极性、参与度以及学习策略的运用情况。同时，作品集则可展示学生的学习成果和能力发展情况，如学术论文、设计作品、实验报告等。这种评估工具通过学生自身的表现为评估提供了直接的材料，具有较好的可靠性。

其次，个体学习评估也可以采用问卷调查的方式。通过设计和分发问卷调查，评估者可以收集学生对学习内容、教学方法和学习环境等方面的反馈意见。这种评估方法能够帮助评估者了解学生在学习过程中的主观感受，从而更好地分析和理解学生的学习效果。

再次，观察和访谈也是常用的评估方法之一。评估者可以观察学生在课堂上的表现以及对学习任务的完成情况进行学习效果评估。同时，通过与学生的访谈，评估者能够了解学生的学习意愿、学习动机以及学习困难等。观察和访谈为评估者提供了直接的、实时的信息，使评估结果更加客观和全面。

最后，定期的课堂测验和考试也是学生学习效果评估的重要方法。通过对学生的知识掌握程度和能力水平的测评，评估者可以直接了解学生的学习成绩和学习进度，确定学生的学习效果。此外，考试中的开放性题目和综合性题目也能够评估学生的综合能力和问题解决能力。

综上所述，评估工具和方法的选择应根据评估目的和需要进行合理的搭配和运用。学习记录和作品集、问卷调查、观察和访谈以及课堂测验和考试等评估工具和方法相互补充，能够全面、客观地评估学生的学习效果，为进一步的学习效果评估结果反馈和应用提供有力支持。

（三）评估频率与时机

在进行高职院校学生学习效果评估与反馈的过程中，评估频率和时机的确定起着关键的作用。评估的频率和时机应该能够全面有效地反映学生的学习情况，有利于对课程进行及时的监控和调整。

1. 评估的频率应该是恰当的

评估频率过低会导致对学生的学习情况了解不全面，无法及时发现学生学习中存在的问题，难以及时提供针对性的帮助和指导。而评估频率过高则可能给学生造成过分的压力，影响其学习的自主性和积极性。因此，在确定评估频率时，应考虑到学生的学习节奏和能力水平，合理安排评估的时间间隔，以保证评估的连续性和有效性。

2. 评估的时机应该是精确的

在学习过程中，有些时刻更容易发现学生的学习困惑和问题，因此，我们需要针对这些时机进行评估。例如，在学习某个重要知识点后的短暂时间内进行评估，可以帮助学生及时发现并纠正学习中的错误，确保知识点的深入掌握。此外，还可以利用学习任务完成后的评估时机，帮助学生总结学习过程中的经验，提高学习的效果和质量。

在确定评估时机时，还需考虑到学生的学习需求和学习节奏的变化。不同学科、不同学习内容的评估时机可能存在差异，需要根据具体情况进行确定。同时，在评估时机的选择上，也应充分考虑到学生的参与度和反馈的及时性，尽量避免评估时机与其他学习任务和学习节奏冲突，以确保评估结果的准确性和可靠性。

综上所述，评估频率和时机的确定对于高职院校学生学习效果评估与反馈至关重要。我们应综合考虑学生的特点和学习需求，合理安排评估的频率和时机，在评估过程中充分关注学生的参与度和反馈的及时性，以提升学生的学习效果和促进其学习成果的提高。

三、学生学习成果的评估与分析

（一）知识技能的评估

通过对学生的知识技能进行评估，我们能够客观地了解他们在不同学科领域的学习深度和应用能力。在评估知识技能时，我们采用多种方式和方法，以确保评估的准确性和科学性。

第一，我们采用考试和测验的方式来评估学生的知识技能。这种方式可以对学生的学科知识进行全面的考核，了解他们的记忆和理解能力。通过在考试中设置选择题、填空题和解答题等不同类型的题目，我们能够更全面地评估学生对知识的掌握程度和应用能力。同时，我们还注重考察学生分析和解决问题的能力，通过设计一些案例题或开放性问题来评估学生的思维能力和创新意识。

第二，我们还可以采用实际操作和实验的方式来评估学生的知识技能。实验和实际操作中，我们能够直接观察学生的技能应用情况。例如，在计算机相关专业的评估中，我们会安排学生进行编程实验或机械操作，以评估他们的实际操作能力和技术熟练程度。通过实际操作的评估，我们能够更直接地了解学生在实际工作环境中的应用能力，为他们的职业发展提供有效的反馈和指导。

第三，我们还注重通过课堂讨论和小组项目来评估学生的知识技能。在课堂讨论中，学生能够通过与教师和同学的交流互动，展示自己的专业知识和解决问题的能力。通过小组项目，学生需要合作解决实际问题，这可以评估他们的合作与沟通能力以及在团队工作中的表现。通过这些方式的评估，我们能够更全面地了解学生的综合能力。

（二）创新能力的评估

评估学生的创新能力可以帮助教师和学校了解学生在创新方面的表现和发展情况。以下将从不同维度对学生的创新能力进行评估和分析。

评估学生的创新能力需要考察学生在学习过程中的创新思维能力。教学过程中，教师可以通过课堂讨论、问题解决等方式引导学生运用创新思维解决问题。同时，还可以通过布置创新性任务或项目，观察学生在任务或项目中的创新表现。例如，在某个实践课程中，学生要团队合作完成一个创新项目，评估学生在项目中的创新思维能力可以通过观察学生的创新点、创意数量和创新方法等来进行。

评估学生的创新能力还需要考察学生的动手实践能力。创新往往需要通过实践来验证和实现，所以评估学生的创新能力还需要关注学生在实践中的表现。教师可以通过实验、实训、项目组织等方式，评估学生在实践中的创新能力。例如，在某门技术课程中，学生要通过实训课程完成一个创新设计，并展示出来，评估学生的创新能力可以通过观察学生的设计创意、操作方法的独特性以及实践的完成情况等来进行。

应注意的是，在评估学生的创新能力时，要综合考虑学生的知识和技能。创新能力不仅仅是创新思维和实践能力的简单堆砌，还需要建立在学生具备相应领域的知识和技能基础之上。因此，在评估创新能力时，可以结合学生相关学科知识和技能的掌握情况来进行综合评估，以更准确地反映学生的创新潜力和发展方向。

总之，评估学生的创新能力是高职院校学生学习效果评估与反馈中的一个重要方面。通过评估学生的创新能力，可以帮助教师和学校了解学生在创新方面的发展情况，并为学生提供相应的反馈与指导，从而推动学生在创新能力的培养和发展上取得更好的进步。

（三）实践能力的评估

实践能力的评估是对学生能够运用所学知识和技能解决实际问题的能力进行全面、客观的检测和评价。以下将从实践能力的评估方式、评估内容以及评估结果的应用等方面进行探讨。

1. 实践能力的评估方式

为了全面评估学生的实践能力，我们通常采用多种评估方式。一，通过实际情境的模拟来考察学生在实际问题解决中的操作能力。例如，在实验室中，学生需要完成一系列与所学课程有关的实际操作，以此来考察他们是否能够熟练地运用所学知识和技能。二，采用案例分析的方式，让学生解决与实际工作场景相关的问题，以考察他们的应变能力和解决问题的能力。除此之外，还可以观察学生在实践活动中的表现，观察他们的团队合作能力、计划与组织能力等，以此来评估他们实践能力的发展情况。

2. 实践能力评估的内容

在实践能力评估的过程中，我们首先要关注学生的操作技能。包括学生是否掌握了实际操作所需的基本技能和操作规范，以及他们能否正确地运用这些技能解决问题等。其次，要重视学生解决实际问题的能力。这要求学生具备分析问题、提出解决方案、实施方案并进行评估的能力。我们还要关注学生的创新意识和创新能力，即他们能否在实践活动中提出新的观点、方法或解决方案。此外，还要评估学生的团队合作能力、沟通与交流能力等社会交往能力，这些都是实践能力的重要组成部分。

3. 实践能力评估的结果应用

实践能力的评估结果不仅仅是为了了解学生的实践能力发展情况，还可以为学校和教师提供参考，以优化教学和培养方案。评估结果可以帮助学校判断教学目标的达成情况，从而对教学计划进行调整。对于教师来说，评估结果可以帮助他们了解学生在实践能力方面的优势和不足，以便有针对性地进行指导和辅导。此外，评估结果还可以为学生提供个性化的学习反馈，帮助他们发现自身的问题，并为他们提供改进的方向和建议。

总之，实践能力的评估是高职院校学生学习效果评估与反馈的重要内容。通过采用多样化的评估方式，关注学生的操作技能、问题解决能力、创新能力和社会交往能力等方面的评估内容，可以全面了解学生的实践能力发展情况。评估结果的应用不仅可以帮助学校和教师调整教学策略，还可以为学生提供个性化的学习反馈，促进他们的实践能力的提高和发展。

（四）问题解决能力的评估

问题解决能力是高职院校学生必备的核心能力之一，对于培养综合素质和职业发展至关重要。为了全面评估学生在问题解决方面的表现，我们通常采用多种评估方法和工具。

1. 使用案例分析的方式评估学生的问题解决能力

在课程中，我们可以设计一系列真实案例，涵盖各种职业环境和挑战。让学生通过分析案例中涉及的问题，提出解决方案。通过这样的评估方式，我们能够了解学生在面对实际问题时的反应和应对能力，以及他们对所学知识的理解和运用能力。

2. 采用团队项目的方式评估学生的问题解决能力

在课程中，可以将学生分成小组，共同完成一个实际问题的解决方案。这个过程需要学生之间的合作和协调，同时也需要他们的创新思维和解决问题的能力。通过这种合作评估的方式，我们能够看到学生在团队合作中发挥的作用，并评估他们在解决问题过程中的角色和贡献。

3. 采用实践实习的方式评估学生的问题解决能力

通过安排学生到企事业单位进行实践实习，让学生直接面对真实的问题和挑战。在实习过程中，学生需要运用所学知识和技能，解决实际存在的问题，或提出改进建议。通过实践实习的评估方式，我们能够评估学生在实际工作环境中解决问题的能力和应变能力。

4. 采用问卷调查的方式评估学生的问题解决能力

通过向学生发放问卷，询问他们在学习过程中遇到的问题以及他们是如何解决问题的。这样的调查能够帮助我们了解学生在问题解决过程中的体验和观点，从而更好地进行评估和改进。

综上所述，对于高职院校学生的问题解决能力的评估，应采用案例分析、团队项目、实践实习和问卷调查等多种评估方法和工具。这些评估方式的结合能够全面了解学生在问题解决方面的表现，帮助学校和教师更好地培养学生的问题解决能力，为学生的职业发展做准备。

四、反馈与应用

（一）反馈方式与形式

在高职院校教育教学中，为了评估学生的学习效果并及时提供反馈，可采用多种反馈方式与形式。其中，较常见的反馈方式是通过课堂互动来获取学生的学习情况。教师可以在课堂上提出问题，鼓励学生积极参与讨论，从而了解学生对所学知识的掌握情况。此外，教师还可以使用课堂练习和小测验等形式，通过及时批改和评分来向学生提供直接的反馈。

除了课堂互动，教师还可以通过作业和项目的评估来进行学生学习效果的评估和反馈。作业可以是书面作业、实践作业或者小组合作项目等形式。学生完成作业后，教师可以根据规定的评分标准对其进行评估，并将评估结果及时反馈给学生。这种方式不仅可以帮助学生了解自己在学习中的表现，还可以激发学生的学习动力，促使他们在学习中不断进步。

另外，学校还可以利用现代技术手段来进行学生学习效果的评估与反馈。例如，通过学生学习管理系统或在线学习平台，随时查看学生的学习情况和作业完成情况，并通过系统提供的评估功能向学生提供相应的反馈。这种方式不仅方便了教师进行评估和反馈，也方便了学生及时了解自己的学习表现，及时调整学习策略。

在高职院校中，通过课堂互动、作业和项目评估以及现代技术手段等多种形式的反馈，能够全面有效地评估学生的学习情况，并及时向学生提供有针对性的反馈，帮助他们不断提高学习效果。教师和学校应该根据实际情况选择合适的反馈方式与形式，以提高学生的学习成果和学习动力。

（二）反馈内容与效果

在高职院校教育教学中，学生学习效果的反馈内容涉及到学生在学习过程中的表现、成绩等方面的情况，而反馈效果则体现了反馈对学生学习的影响和促进作用。

反馈内容应该包含学生在学习过程中的具体表现和成绩情况。这些包括学生的参与度、表现水平、知识掌握程度等方面的情况。通过对学生的表现进行准确的描述和评估，可以帮助学校和教师了解每个学生的学习情况，并为进一步的教学和辅导提供有效的依据。

学习效果的反馈应该能够促进学生的学习动力，提高学生的学习积极性和自我反思能力。一方面，良好的反馈可以激发学生的学习兴趣，增强其对知识的追求和探索。另一方面，反馈应该具有明确的指导性，帮助学生发现自身学习中存在的不足，引导学生进行改进和提高。只有通过有效的反馈，学生才能明确自己的学习目标，并有针对性地进行学习和提升。

反馈内容和效果应该与学生的学习目标和教学要求相匹配。在进行反馈时，教师应该根据学生的不同特点和需要，制定相应的反馈策略和方法。一方面，反馈内容应该围绕学生的学习目标展开，注重对学生学习过程中的问题和困惑的解答和引导；另一方面，反馈效果可以通过多种方式实现，如口头反馈、书面反馈、个别反馈等。不同的反馈方式和形式可以适应不同学生的学习习惯和需求，提高反馈的针对性和有效性。

总结而言，高职院校学生学习效果评估与反馈是一个相辅相成的过程。反馈内容和效果能够直接影响学生的学习动力和效果，因此，教师和学校应该注重反馈机制的建立和完善，确保反馈的准确性、及时性和指导性。只有通过正确的反馈，才能促进学生的个性化学习和全面发展。

（三）反馈与应用的策略与方法

在学生学习效果反馈与应用的过程中，高职院校需要采取一系列的策略与方法，以确保反馈的有效性和应用的实际效果。首先，教师可以通过个别会谈的方式与学生进行面对面的反馈。在这种情况下，教师可以针对每个学生的具体情况进行有针对性的评价和建议。这种一对一的交流可以帮助学生更好地理解自己的学习优势和不足，并有针对性地调整自己的学习方法和策略。

其次，教师还可以组织学生自评与互评的活动，通过学生之间的评价来促进学习效果的提升。在自评和互评的过程中，学生可以从不同的角度和层面评价自己和同伴的学习成果，并提出具体的改进建议。这种方式不仅能够增强学生的自我认知能力，还能够培养学生的批判性思维和合作意识。

再次，教师还可以利用各种评估工具和方法进行反馈和应用。例如，可以通过在线问卷调查来收集学生的学习反馈和意见，或者利用学习日志和作业记录来跟踪学生的学习进度和成果。通过科学有效的评估工具，教师能够更客观地了解学生的学习情况，并有针对性地提供反馈和指导。

此外，教师还可以积极利用科技手段来进行反馈和应用。例如，可以利用在线教学平台或学习管理系统，及时发布学习反馈和成绩，并提供个性化的学习建议和资源推荐。这不仅能够方便学生随时随地获得反馈和指导，还能够借助数据分析和智能化技术，提供更加精准和个性化的评估和辅导。

综上所述，反馈与应用的策略与方法是多种多样的，涵盖了个别会谈、学生自评互评、评估工具和科技手段的运用等。高职院校应该根据实际情况选择合适的策略与方法，并与学生紧密合作，共同推进学习效果的评估和反馈工作，以达成更好的学习效果。

五、学习效果评估与反馈的未来发展方向

在高职院校教育教学中，学习效果评估与反馈是一项关键的教学工作，对于学生的学习成果的提升和教学质量的改善起着重要的作用。然而，在当前的教育环境下，学习效果评估与反馈也面临着一些挑战和问题。因此，未来的发展方向应该从以下几个方面加以思考和改进。

首先，学习效果评估与反馈需要更加注重个性化和多元化的方法。传统的评估方法主要以考试成绩为主导，这种评估方式并不能全面准确地评估学生的学习效果。未来应该探索采用多种形式的评估方式，如项目展示、实践项目报告、小组讨论等，以

更全面地了解学生的学习成果。

其次，学习效果评估与反馈需要更加注重定性分析和综合评价。仅仅依靠分数进行量化评估是不够的，还需要对学生的学习过程和学习成果进行深入的定性分析，了解学生在学习过程中的优势和不足之处。同时，综合评价的方法也应该得到应用，将学生在各个方面的表现进行综合考量，为学生提供更精准的反馈。

再次，学习效果评估与反馈还需要加强与学生之间的互动交流。过去，学习效果评估往往只是单向的评估和反馈，学生的意见和建议较少被重视。未来的发展应该更加注重鼓励学生参与评估过程，例如通过问卷调查、小组讨论等形式，听取学生对于课程内容和教学方法的反馈意见，为改进教学提供参考。

最后，学习效果评估与反馈的未来发展也需要借助新技术的支持。当前，信息技术的快速发展为学习效果评估和反馈带来了更多的可能性。例如，借助在线学习平台和智能化的评估工具，可以对学生的学习过程进行实时监测和评估，提供即时的反馈和指导。因此，未来应该积极探索并应用这些新技术，提高评估和反馈的效果和效率。

综上所述，学习效果评估与反馈在高职院校教育教学中具有重要意义。未来的发展方向应该注重拓展个性化和多元化的评估方法，加强定性分析和综合评价，促进师生之间的互动交流，以及借助新技术提高评估和反馈的效果。通过持续改进和创新，学习效果评估与反馈将更好地实现提高学生学习效果和教学质量的目标。

参考文献

［1］涂凯迪. 高等职业教育管理理论与实践创新探索［M］. 长春：吉林人民出版社, 2022.

［2］周文清. 百家文库 高职院校实践教学管理与质量评价研究［M］. 长沙：湖南大学出版社, 2021.

［3］王国光. 高职院校实践教学质量管理研究［M］. 杭州：浙江大学出版社, 2022.

［4］程宜康. 高职院校质量文化管理研究［M］. 南京：东南大学出版社, 2021.

［5］张一平. 高职院校教学管理概论［M］. 北京：北京理工大学出版社, 2020.

［6］朱艳军. 高职院校教学管理研究［M］. 长春：吉林人民出版社, 2020.

［7］王文勇. 现代高职院校全面质量管理创新研究［M］. 北京：中国原子能出版社, 2021.

［8］袁洪志, 陈向平等. 高职院校内部质量保证体系与诊改机制研究［M］. 南京：南京师范大学出版社, 2019.

［9］宋彦军. 高等职业教育质量保障与评价体系研究［M］. 南昌：江西人民出版社, 2019.

［10］顾捷. 高等职业院校教学质量基层管理制度建设［M］. 杭州：浙江工商大学出版社, 2019.